自分の魅力を正しく伝えて合格できる

菊池秀策の

ゼロ
から始める
面接対策

小論ラボ 主宰 **菊池秀策**

KADOKAWA

面接はどんな人でもうまくなる

　本書は、大学入試で「面接試験」があるすべての受験生のために書きました。安心してください。本書を手にとってくれた時点で、あなたは他の受験生より一歩どころか何十歩も「合格」に近づいています。本書に書いてあることを素直に、そして徹底的に吸収すれば、志望校は目と鼻の先にあります。

　これまで、私は自身の塾や他の数多くの塾・予備校で面接対策を実施してきました。志望校も様々で、志望理由も千差万別です。最初の面接練習では、慣れていないためになかなか言葉が出てきません。一度話し始めても、1分、2分……と話し続けて、結局何が言いたかったのかわからないこともあります。手や足がふらふら動き、目線も定まりません。最初の面接練習では、「自分がいかに的確かつ簡潔に話せないか」を痛感するものです。

　それでも、です。自分の答えられなかった質問をメモし、それに対する回答を練り上げ、私からのアドバイスを忠実に聞いてくれた受験生は間違いなく成長します。1回目はしどろもどろに回答していた生徒が、2回目、3回目と練習回数を重ねるにつれて、てきぱきと質問に答えられるようになります。こちらからの質問の意図を瞬時に察知し、それに対するクリティカルで本質的な回答をすることができるようになります。4回目の練習ともなると、1回目とはもはや別人です。「自分の志望理由、志望学部に関連する知識や思考を明確に述べられる受験生」へと「進化」するのです。こうなればこっちのもの、どんな面接にも臨機応変に対応できます。

　あとは試験日を待つだけです。

　本書を手に取った皆さんも、練習を積み重ねることで、面接が待ち遠しい受験生になります。それにふさわしい本になるよう執筆しました。

発想を変えれば人は強くなる

「面接」というと、ほとんどの受験生の皆さんは経験がないものだと思います。ネットで調べてみると「圧迫面接」だとか「厳しい質問だった」といった情報にあふれていて、さらに不安が渦巻くはずです。ですが、ここで発想を転換しましょう。面接試験は、大学の先生方との「対話」の場です。普段は学校の先生方や、ご友人たちとの関わりが多いと思います。他の大人、ましてや「大学の先生」と話す機会はそうそうないはずです。学問の世界の最先端で活躍している先生方と対話する機会、それが面接の場です。面接でコミュニケーションをとることができれば、そして自分の学びたい、という思いを熱意とともに伝えられれば、それは必ず相手に伝わります。仮に深く質問されても、それは受験生である自分に興味を抱いている証拠です。大丈夫です。自信をもって面接に臨み、「対話」を楽しんでください。

謝辞

本書を執筆するにあたっては、お名前を挙げればきりがないほど数多くの方々のご協力を得ることができました。とりわけ本書の執筆の機会をくださった編集者の方々には厚く御礼申し上げます。

そしてなによりも、これまでに出会った受験生たちがいなければ、本書を書くことはできませんでした。受験生の強いまなざしと熱い思い、鋭い示唆が私自身を成長させてくれました。これまでに出会ったすべての受験生には感謝の思いしかありません。

本書を手に取った皆さんが春の栄冠を手にすることができることを心から祈念いたします。

2023年 7月 太陽が照り映えるころに

菊池　秀策

目 次

は じ め に ……………………………………………………………… 2
本書の特長と使い方 ……………………………………………………… 6

第 1 章　面接のための準備

第1節　面接の原則
- テーマ 1　「面接」ってなんだろう？ …………………………………… 10
- テーマ 2　「面接」では何が見られる？ ………………………………… 12

第2節　面接の技法
- テーマ 3　自分の経験の棚卸し ………………………………………… 14
- テーマ 4　経験が"パッとしない"ときに ……………………………… 18
- テーマ 5　自分の性格を分析する ……………………………………… 22
- テーマ 6　答え方のカギ──「一貫性」 ………………………………… 26
- テーマ 7　答え方のカギ──「抽象」と「具体」 ……………………… 30
- テーマ 8　志望校の情報収集 …………………………………………… 34

第 2 章　志望理由書のまとめ方

第3節　全系統共通の志望理由書の原則
- テーマ 9　頻出項目から原則を考える ………………………………… 40

第4節　人文科学系の志望理由書の書き方
- テーマ 10　文学部の志望理由書 ………………………………………… 50
- テーマ 11　教育学部の志望理由書 ……………………………………… 54
- テーマ 12　外国語学部の志望理由書 …………………………………… 58

第5節　社会科学系の志望理由書の書き方
- テーマ 13　法学部の志望理由書 ………………………………………… 62
- テーマ 14　経済学部の志望理由書 ……………………………………… 66
- テーマ 15　商学部の志望理由書 ………………………………………… 70

第6節　自然科学系の志望理由書の書き方
- テーマ 16　医学部の志望理由書 ………………………………………… 74
- テーマ 17　歯学部の志望理由書 ………………………………………… 78
- テーマ 18　薬学部の志望理由書 ………………………………………… 82
- テーマ 19　看護学部の志望理由書 ……………………………………… 86

第7節　学際系の志望理由書の書き方
- テーマ 20　芸術学部の志望理由書 ……………………………………… 90
- テーマ 21　体育学部の志望理由書 ……………………………………… 94
- テーマ 22　学際系学部の志望理由書 …………………………………… 98

第 **3** 章　頻出質問・回答パターン

第8節　全系統共通の質問・回答パターン
テーマ23 頻出項目から考える ……………………………… 104

第9節　人文科学系の質問・回答パターン
テーマ24 文学部の質問・回答パターン ………………………… 116
テーマ25 教育学部の質問・回答パターン ………………… 124
テーマ26 外国語学部の質問・回答パターン ……………… 132

第10節　社会科学系の質問・回答パターン
テーマ27 法学部の質問・回答パターン ………………………… 140
テーマ28 経済学部の質問・回答パターン ………………… 148
テーマ29 商学部の質問・回答パターン ………………………… 156

第11節　自然科学系の質問・回答パターン
テーマ30 医学部の質問・回答パターン ………………………… 164
テーマ31 歯学部の質問・回答パターン ………………………… 172
テーマ32 薬学部の質問・回答パターン ………………………… 180
テーマ33 看護学部の質問・回答パターン ………………… 188

第12節　学際系の質問・回答パターン
テーマ34 芸術学部の質問・回答パターン ………………… 196
テーマ35 体育学部の質問・回答パターン ………………… 204
テーマ36 学際系学部の質問・回答パターン ……………… 212

第 **4** 章　系統別面接実例

第13節　人文科学系の面接実例
テーマ37 人文科学系の面接 ……………………………………… 222

第14節　社会科学系の面接実例
テーマ38 社会科学系の面接 ……………………………………… 228

第15節　自然科学系の面接実例
テーマ39 自然科学系の面接 ……………………………………… 234

第16節　学際系の面接実例
テーマ40 学際系の面接 …………………………………………… 240

巻末資料
● 面接前日のチェックリスト ……… 246
● 面接当日のチェックリスト ……… 247
● 面接マナー ………………………… 248
● 想定質問リスト ………………… 250
● 志望動機作成シート …………… 254
● 学部別参考図書リスト ………… 255

本書の情報は、2023年3月時点のものに基づいています。

本書の特長と使い方

本書は、面接試験の準備がゼロの状態から合格を目指せる参考書です。面接の心構えに始まり、事前準備から実践練習までこの1冊で対策できるように構成しています。

≪構成≫

第 **1** 章　面接のための準備

大学受験の面接とはどういうものか、どのようなところを見られているのかなど、面接試験を受けるにあたり知っておきたいことをまとめています。どんな試験なのかを把握したうえで対策をしていきましょう。

第 **2** 章　志望理由書のまとめ方

面接とセットで準備しなければならないのが志望理由書です。ほとんどの場合、志望理由書を事前に提出して、それをもとに面接試験が行われます。面接でされる質問まで想定して、受かる志望理由書の書き方をマスターしましょう。

第 **3** 章　頻出質問・回答パターン

面接でよく聞かれる定番の質問に答える準備をしましょう。学部に関係なく聞かれることから、学びたい内容に踏み込んだ質問まで、 **NG** 回答例 と **合格** 回答例 をそれぞれ示して解説していきます。

第 **4** 章　系統別面接実例

実際の面接を想定したケーススタディを行います。第3章で学んだパターンを思い出して、良い回答・ダメな回答をまずは自分でチェックしてみましょう。その後、 回答 へのコメント キクチ からの アドバイス を読み、自分なりの模範回答を作っていきましょう。

本書に掲載した面接官からの質問は、過去のヒアリングや各種資料の調査に基づき、実際に大学入試で質問されたもののなかから精選しています。

学校推薦型選抜、総合型選抜を受けるけれど面接のことを何も知らないという受験生も、話しベタだから面接がニガテ……という受験生も、自信をもって面接に臨めるように工夫を凝らしました。

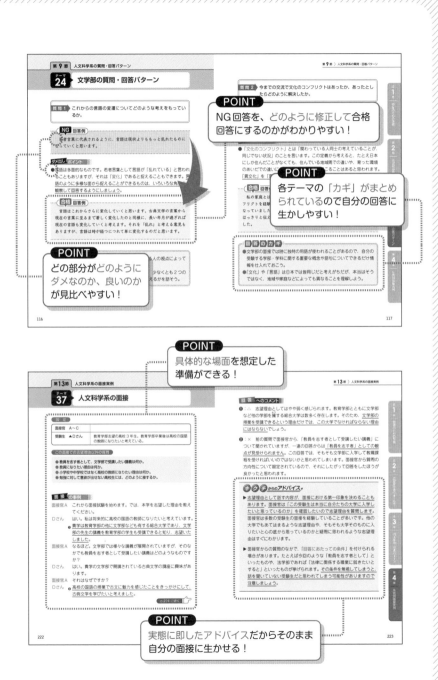

本文デザイン　ワーク・ワンダース
イラスト　　　沢音千尋
校正　　　　　鴎来堂
DTP　　　　　フォレスト
編集協力　　　高橋早奈子

第 **1** 章

面接のための
準備

テーマ 1 ▶ 「面接」ってなんだろう？

🏫 「面接」の種類を知ろう

 このテーマでは「そもそも面接ってどういうものなの？」という疑問にお答えするところから始めます。本書を読んでいる皆さんのなかには、「面接」を受けるのが生まれてはじめてだという人も多いでしょう。実は、面接にも様々な形式があるのです。ここでは、大学入試の面接にはどのような形式があるのかについて説明をしていきます。

● 個人面接

受験生一人に対して面接官が質問をする形式です。「面接」と聞いたときに、最初にイメージするのがこの形式であることが多いのではないでしょうか。面接官は複数人いることがほとんどです。

● 集団面接

複数人の受験生に対して面接官が質問をする形式です。1回の面接で同席する受験生が何人なのかは、それぞれの大学・学部によって異なります。ただ、受験生はおおむね3～5人であることが多いです。個人面接と同様に、面接官は複数人いることがほとんどです。面接官から受験生全員に対して同じ質問がされることもありますし、それぞれの受験生に対して個別に質問がされることもあります。

● グループディスカッション

複数人の受験生がひとつのグループを組み、提示された問題に対してディスカッションをする形式です。「グループワーク」と呼ばれることもあります。

● プレゼンテーション型面接

受験生全員に対して共通の問題が提示され、それについて自分なりの意見を述べる形式です。事前に問題が提示され、資料を作成するパターンもあります。面接では、行ったプレゼンテーションに関して面接官との質疑応答の時間が設けられることが多いです。

● 口頭試問

理工系学部に多い面接形式です。口頭試問では、数学や物理などの問題がその場で与えられ、それに対して口頭で解答する形式が多くあります。時には紙やペンは与えられず、暗算をしたうえで解答する場合もあります。

● 講義聴講型面接

大学で行われるような講義を聴講したうえで、それに関する質問がされる形式です。講義を聴きながら理解する能力が特に問われます。

● 実技型面接

芸術系学部に多く見られる形式です。絵画や工作を中心として、特定の課題に対して自分なりの創作物をその場で作り出すことが求められます。創作物やその作製意図について面接官と質疑応答をすることが多いです。

以上のように、大学入試の面接試験には多種多様な形式が存在しますが、本書では主に「個人面接」と「集団面接」に焦点を当てて解説していきます。

テーマのカギ

● 自分がどのタイプの面接を受けるのかを知ることで、今後の対策の仕方が変わってくる。

第 1 章　面接のための準備

第 2 章　志望理由書のまとめ方

第 3 章　頻出質問・回答パターン

第 4 章　系統別面接実例

「面接」のイロハを知ろう！

テーマ 2 「面接」では何が見られる？

🏥 「面接」の観点を知ろう

　　　テーマ１では、一口に「面接」と言っても、様々な種類があることをお話ししました。では、実際の面接ではどのようなことが重視されるのでしょうか。評価の観点がわかれば、面接対策の仕方も変わってきますよ。このテーマ以降は、「個人面接」及び「集団面接」を軸にしてお話ししていきますね。

　　　面接の評価における観点ですが、大学が実際に公表しているものを抜粋していきます。

● 昭和大学医学部一般選抜入試

「本学で医学を学ぶにあたっての動機や意欲のほか、社会に向き合う態度、基本的なコミュニケーション能力、個性や才能、医学に対する熱意と情熱を備えているかを評価し、点数化します。」（令和５年度昭和大学医学部入学者基本方針より）

● 桜美林大学全学部総合型選抜二次審査「面接・実技審査」

「面接では大学が「あなた」をよりよく理解し評価するため、そして「あなた」が大学に対して、自身のもつ可能性と潜在力をアピールするための機会です。質問に答える際には、積極性と論理的に考えを表現するように心がけてください。」（桜美林大学受験生サイト　総合型選抜より）

● 新潟大学経済科学部総合型選抜

「集団討論を実施し、特に論理的な思考能力及び主体性を持って多様な人々と協働して議論を進める態度を評価し、点数化します。」（令和５年度新潟大学総合型選抜学生募集要項より）

● 高知工科大学理工学群学校推薦（一般区分）

「提出書類および面接（口頭試問を含む）を通じて、自然科学を学ぶ意欲、社会に貢献する意識の高い学生を選抜します。具体的には、勉学意欲、自己

表現力、人間力、論理性、独創性、協調性、将来性、倫理性などについて、総合的に評価します。また、自分の考えを持ち、それを伝えることができるコミュニケーション力を評価します。」（高知工科大学受験生向け情報サイト 評価・選抜の観点より）

　他にも多くの大学で面接の評価基準を公表していますので、<u>自身が受験する大学についてはWebサイトやオープンキャンパスを通じてチェックしていくのが得策</u>です。もちろん、詳細な採点方法については受験生の側は知ることができません。それでも、評価基準を知ることで、それを面接での自分の回答にうまく取り入れることは可能になるでしょう。

　面接試験全般にいえるのが、「コミュニケーション能力」、「主体性」、「論理的に質問に答える能力」などを「面接の観点」の一部に入れている大学・学部が多いことです。面接官とのコミュニケーションを適切に行い、自身の主体性を示し、問われたことに簡潔に答えるのが面接である、といえますね。これは文部科学省が示す「学力の三要素」、すなわち「知識・技能」「思考力・判断力・表現力」「主体性を持って多様な人々と協働して学ぶ態度（主体性・多様性・協働性）」と重なる部分もあります。いかに自身が学んできたことや経験してきたこと、これからしたいことを表現していくか、それが重要であるともいえるでしょう。

テーマのカギ

●面接の評価基準は面接試験の方向性を決める。

テーマ **3** ▶ 自分の経験の棚卸し

🏢 自分が何をしてきたか・考えてきたのかを明らかにしよう

 「棚卸し」と言われても、今まで聞いたことがなかったり、何をどうすればいいのかがわからなかったりしますよね。今回は面接試験のための「経験の棚卸し」についてお話ししていきます。

「棚卸し」とは、本来は企業の会計に用いる用語で「実際の商品在庫数を数え、在庫総額を計算する業務のこと」です。私は、「経験の棚卸し」を、「これまでに自身が人生のなかで経験してきたことや学んできたことを振り返り、それらを整理された形で頭の中にインプットすること」だと定義しています。本書においても、「経験の棚卸し」はそのような定義をもつと考えてください。

》》 「経験の棚卸し」は、「これまでの人生の振り返り」である

 とはいえ、いきなり「自身が人生のなかで経験したことや学んできたことの振り返りをして整理しよう」と言われても、どのようにすればいいのか見当がつきませんよね。ここでは「経験の棚卸し」のやり方、そして面接試験への生かし方をお伝えしていきます。

 「経験の棚卸し」をするにあたっては、まずはこれまでの自分の過ごしてきた日々を思い出していくことから始めます。「小学校」、「中学校」、「高校」などと分けていくとやりやすいですね。それらを表にして可視化すると、よりわかりやすくなります。ご参考までに、架空の文学部志望の受験生「Aくん」の「経験の棚卸し」の表を見てみましょう。

▶ Aくんの経験の棚卸しの表

時　期	内　容
小学校	○ 外で遊ぶのが好きだった ○ 小学校の国語の授業で詩に興味をもった → ただ、詩の意味や解釈の方法はよくわからなかった
中学校	○ 放送部に所属した → 放送部の部活動では、放送を聞く人にとってわかりやすい原稿を作ることに注意した ○ 国語の授業で短歌や俳句を学び、人間の感情表現には様々な方法があることを知った ○ 数は少ないものの、学校の図書館で様々な本を借りて読むようにした
高校	○ 受験勉強に集中しようと思い、部活動には加入しなかった → 受験勉強をしていくなかで、わからないことが多くあったが、それを各教科の先生に質問することでわかるようになった → 質問をする際には、わからないことを自分なりに調べて、どこがわからないのかを明らかにすることが重要だと知った ○ 学校行事の文化祭では、クラスで演劇をするのに伴い、ナレーションを担当した → この時、表現の仕方によって観客に与える印象が異なることを知った

第**1**章 面接のための準備

第**2**章 志望理由書のまとめ方

第**3**章 頻出質問・回答パターン

第**4**章 系統別面接実例

このように、主に小学校から今までに経験したことを洗い出すことが「棚卸し」の第一歩です。そして、経験したことをまとめていき、その時その時で自分が考えたことや感じたことを書きとめていきます。これを通じて、自分の経験とそれに伴い思ったことを明確にすることができるようになります。では、このように「棚卸し」をしたことに対して、志望理由書や面接にどう生かしていけばいいかを考えていきましょう。

小学校	○ 外で遊ぶのが好きだった ○ 小学校の国語の授業で詩に興味をもった →ただ、詩の意味や解釈の方法はよくわからなかった

　ここからわかることは、幼い頃に学校の国語の授業を通じて詩に興味をもったことです。また、詩の意味や解釈の方法がわからなくても、それに興味をもち続けたことから、Aくんが言葉での表現に関心を寄せていたこともわかりますね。

中学校	○ 放送部に所属した →放送部の部活動では、放送を聞く人にとってわかりやすい原稿を作ることに注意した ○ 国語の授業で短歌や俳句を学び、人間の感情表現には様々な方法があることを知った ○ 数は少ないものの、学校の図書館で様々な本を借りて読むようにした

　ここから、放送部に所属し、言葉の繊細さについて注意したことがわかります。また、国語の授業を通じて短歌や俳句を学び、感情表現が多様であることが印象的だったようです。小学校の時からずっと、Aくんは言葉に興味をもち続けていたことがわかりますね。

高校	○ 受験勉強に集中しようと思い、部活動には加入しなかった
	→ 受験勉強をしていくなかで、わからないことが多くあったが、それを各教科の先生に質問することでわかるようになった
	→ 質問をする際には、わからないことを自分なりに調べて、どこがわからないのかを明らかにすることが重要だと知った
	○ 学校行事の文化祭では、クラスで演劇をするのに伴い、ナレーションを担当した
	→ この時、表現の仕方によって観客に与える印象が異なることを知った

　高校時代からは、受験勉強や学校行事を通じて、Ａくんは勉強に対する姿勢に変化があったこと、また、やはり言葉に関心があったことがわかります。ここから、Ａくんは自身の人生の中で「言葉」を軸としており、また研究をする素養も出てきたことがうかがえます。

　以上から、たとえば志望理由書では「これまでずっと言葉に対して関心をもってきており、それをさらに大学で広く深く学んでいきたいと思ったので文学部を志望した」と書くことが可能になります。また、面接でも「言葉のなかでも詩や短歌、俳句といったものに興味があり、それを研究する能力が自分にはあると考えている」という答え方を核にしていくことができます。

　このように、自身のこれまでの生活の「棚卸し」をすることで、志望理由書や面接の準備に取り組みやすくなります。

テーマのカギ

● 志望理由書や面接の準備のためには「棚卸し」が必要不可欠。

テーマ 4 経験が "パッとしない" ときに

⊞ 「経験」の大小は関係ない

 前回のテーマ３では、「経験の棚卸し」についてお話ししました。自身が経験したことを振り返って、何らかの一貫性を見出せれば、志望理由書や面接でもうまく対応できることになります。ただ、ここで問題になるのが「これまでに何も特別な活動をしておらず、志望理由書に書けることもないし、面接で話せるネタもない」という状況です。これは誰しも大なり小なり抱える問題です。まずは原則を示しましょう。

>>> 面接で求められているのは受験生のポテンシャルである

このことをまずは心にとめておいてください。ここでいう「ポテンシャル」とは、面接官が感じる「その受験生が自分の大学・学部に入学した場合に、様々なことに関心をもって意欲的かつ主体的に学んでくれる見込み・可能性」だと捉えてもらえれば良いでしょう。

 面接では、これまでにしてきたことだけで合否が判断されるわけではありません。受験生が学問に対してもっているポテンシャルを志望理由書や面接から判断し、大学に入学するだけの資質や意思があるかどうかを測っているのだと考えてほしいと思います。ですから、「スポーツなどの全国大会で優勝した」とか、「音楽のコンクールで金賞を受賞した」といったいわゆる「輝かしい経歴」は必要とされていない点に注意しましょう。あくまで学問に対する姿勢、そして今後の伸びしろが見られていると考えましょう。

>>> 面接では学問にかける思いやこれからの伸びを示そう

とはいえ、自分がこれまでにしてきたことの「棚卸し」をしてみたけれど、書くことがほとんどない、という受験生もいるかと思います。そのような場合にどうすればいいのかを示していきます。ここでは法学部志望の「Bさん」のケースを考えてみましょう。

▶ Bさんが書いたこれまでの経験の「棚卸し」

時　期	内　容
小学校	○ 小学校での勉強はそこそこにこなしていた ○ 日常生活の中では、友人たちと外で遊んだり、屋内で動画を見たりしていた
中学校	○ 中学校で学ぶことはそこまで難しいとは思わなかったが、数学や理科などには苦手意識をもっていた ○ 友人たちとの関係は良好で、毎日時間があれば遊びに出かけていた ○ 授業以外で勉強をしたり本を読んだりすることは少なく、高校入試直前に慌てて学習塾に入り、なんとなく受験勉強をして高校に入学した
高校	○ 入学した高校がスポーツの強豪校でもあったので、運動部に入るのは事実上無理だった ○ 高校2年生が終わるまで、部活動に入ることもなく、ボランティアやその他の課外活動に取り組むこともなく、ただ無難に学校生活を過ごしていた ○ 高校3年生になって大学受験を考えるようになった。将来的には地元に残りたいので、公務員になりたいと思うようになった。そのためには法律を学ばないといけないと考え、○○大学の法学部の学校推薦型選抜を受験することになった

第**1**章　面接のための準備

第**2**章　志望理由書のまとめ方

第**3**章　頻出質問・回答パターン

第**4**章　系統別面接実例

うーん。確かに棚卸しをした結果がこれだけでは、志望理由書に書くことはあまりないでしょうし、面接で答えられることも少ない気がしますね。しかし、このような場合でも心配しなくて大丈夫です。どうしてもこれまでに自分がしてきたことが「パッとしない……」と感じられるときは、次のことを考えてみましょう。

>>> 未来のことから逆算して考える

 先ほどのBさんの「棚卸し」では、列挙された過去のことからすると、志望理由書に書いたり面接で話したりできることは少ないように思われます。しかし、それでも「地元に残りたい」「将来的には公務員になりたい」「法学部に入りたい」という未来のことに関してはある程度具体的に書かれています。そのため、これら「未来」のことを深掘りしていきましょう。「深掘りする」とはどういうことかというと、「なぜそのように思ったか」を考えるということです。自分に自分で問いかけをしてみるのですね。では実際に深掘りした例を見てみましょう。

▎Bさんの未来の希望とその理由の「深掘り」

未来の希望	理　　由
地元に残りたい	自分が生まれ育った街に愛着があるから ➡地元の街には○○といった良い点があるから
公務員になりたい	公務員になれば、地元に密着した仕事ができそう ➡自身が愛着をもっている街に対して貢献ができるはず
法学部に入りたい	将来的に目指しているものは公務員という職業だから ➡公務員には、法律に基づいて業務を執行することや、法律の範囲内でできる限りの施策をすることが求められる ➡自分としては街に最大限貢献するために法学部で基礎的な知識を学びたいと考えている

このように、自分が今後取り組みたいことについて、さらに「それはなぜか？」と考えることにより、深い自己理解が得られることがあります。Ｂさんの例では、自分の生まれ育った街に貢献するために法学部に入って法学の基礎を学びたいという軸ができました。志望理由書では、この「軸」を中心として述べていけば一貫性のある志望動機を書くことが可能になるでしょう。また、軸が見つかることにより、パッとしなかった過去の経験にも意味づけをすることができます。たとえば、仮に高校生活の中で具体的な活動をしていなかったとしても、「社会のルールに興味をもっていた」とか「公民や地理歴史の授業は特に真剣に取り組んでいた」とかいうように、自分の「関心・態度・主体性」の面で取り上げることができる部分があるはずです。それを探してみるといいでしょう。これまでに具体的には何もしていなかったとしても悲観せず、それらに意味づけをしていくように心がけてください。

テーマのカギ

●経験がパッとしなくても、未来から逆算することで意味づけが可能になる。

「将来」を考えれば
道は開ける！

自分の性格を分析する

自分を知ることが自信につながる

　これまでお話ししてきたように、面接では自身の学問に対するポテンシャルが重視されることが多いです。そして、ポテンシャルというのは、あくまで現在の自身がもっているものなので、専門的な知識が問われるわけではありません。逆に言えば、面接で問われることは、現在の自分について、どのような人間なのか、どのようなことに興味があるのか、将来的に何がしたいのか、といったものが基本です。そのため、今現在の自分自身について、よく理解していることが重要です。このことを「自己理解」と呼び、自己理解をするための作業を「自己分析」と呼ぶことにします。面接の準備にあたっては、これら「自己理解」とそのための「自己分析」が必要不可欠です。

> ≫ 面接の準備として「自己分析」を通じて「自己理解」を深めよう

　とは言っても、自分のことを分析するというのがどういった行為を指すのかがはっきりしないと、うまく自己理解にもつながりませんね。ここでは自己分析の方法として「5W1H 法」と「So What 法」の 2 つの方法をご紹介します。

5W1H 法

「5W1H」とは「When：いつ」「Where：どこで」「Who：だれが」「What：何を」「Why：なぜ」「How：どのように」といった英単語の頭文字を取ったものです。ここでは経済学部志望の受験生「C くん」を例にして具体的に説明してみましょう。ここでは、「Where：どこで」はそこまで重要ではないので割愛します。また、「Who：だれが」は C くんであることが明らかなので省略します。

▶ C くんの 5W1H

When	What	Why	How
小学校	自由研究	宿題	聞き取り調査
中学校	野球部	楽しい	戦略考案
	社会の勉強	地理に興味あり	受験勉強として
高校	野球部	中学校の延長	戦略考案
	政治経済の勉強	地政学に興味	読書など

　このように、今までの経験を時代ごと（When）に振り返って印象深い出来事（What）を書き出し、どうしてそれを行ったか（Why）、どのように行ったか（How）を考えましょう。考えたことや行動したことが学部の志望理由につながったり、学問のなかでも特にどの分野に興味があるのかがわかったりするため、自己理解が深められますよ。

⌗ So What 法

　ここまでは、テーマ 3 で行った経験の「棚卸し」とほぼ同じですね。ここから、「So What 法」を用いてさらに具体化します。「So What 法」とは、自分がしてきたこと、考えたことに対して、さらに「なぜそうしたのか？」や「その行動や思考の結果どうなったのか？」などを自問自答する作業のことだとここでは考えてください。「So What 法」による C くんの自己分析の表を書いてみます。

▶ C くんの「So What 法」による自己分析

小学校	○ 聞き取り調査による自由研究に力を入れた
So What	○ 自由研究では「おいしいカップ麺の食べ方」をテーマにした。ただ、家族や友人によって好みが分かれるものもあり、聞き取り調査をしていくことで精度を上げることができた

中学校	○ 野球部では部全体の戦略考案に楽しんで携わった ○ 地理に興味が湧いたため、受験勉強の社会の勉強をがんばった
So What	○ 野球部のチームメイトから意見を集め、監督からも意見をもらい、現状のチームで最善のプレーができるような戦略を考えた ○ 地理に興味が湧いたのは、学校の地理の先生の授業で、暗記だけに頼らない勉強をすることができたから
高校	○ 中学校に引き続き、野球部のチームの戦略考案に携わった ○ 地政学という学問分野を知り、入門書を数冊読んだ。そのうえで学校の授業に取り組むことで、より意欲的に政治経済の勉強に取り組むことができた
So What	○ 野球部では中学校の時と比べ多くの知識と経験があったため、より細かく戦略を立てることができた ○ 地政学との出会いを通じて、大学ではより深く学びたいと思えるようになった。大学を選ぶ際にも、地政学に関係したゼミがある大学・学部を選ぶように心がけた

　このように、「5W1H法」と「So What法」を用いることにより、最初は短かった自分の経験に肉付けをすることができましたね。この2つの方法で自身のこれまでの経験を整理・深掘りすることで、他の人にはないオリジナルの自分の姿が見えてきます。

>>> 「5W1H法」と「So What法」で自分を整理し深めよう

　ここまで整理したCくんの自己分析表から、どのような志望動機が生まれるか、実際に示します。自身で自己分析をする際の参考にもしてみてくださいね。

▶ Cくんの自己分析表から作成した志望動機

> 私はこれまでの経験を通じて、どうすれば自分が所属する集団が最大限の力を発揮できるかを分析する能力を培ってきました。また、地政学に興味をもち、関連する本を読むことで理解を深めてきました。地政学は地理的な要素と政治的な要素が関係しますが、それを考えるにあたっては経済の観点も忘れてはならないと考えました。世界はいまや経済活動を通じてグローバルにつながっているからです。その点において、貴学経済学部では地政学も学ぶことができることを知り、私の問題意識である地政学と経済学の関連についてより深く学ぶことができると考え、志望いたしました。

　　　　自身の経験から、このような志望動機を抽出することができればOK です。自分がこれまでに何を経験したのかを整理し、そこから導き出される自分の考え方を書いていきます。そしてそれらをつなげていくことで、志望校との関連性も見えてくるはずです。自己分析においても、いくつかの技法を用いることが有効であるとわかりますね。

>>> 技法を使って整理し、整理したものを関連付けることが重要

　　　　ちなみに、面接では自分の性格や行動原理について質問されることもあります。たとえば「あなたは他の人からどのような人だと評価されていると考えますか」という質問や、「集団の中であなたはどのような役割を担うことが多いですか」といった質問です。このような自分の性格に関連する質問については、家族や友人、学校の先生などに聞いてみるのが有効なことが多いです。自分は客観的に見るとどのような人間なのか、どのような性格なのかを知っておくことは、面接だけでなくこれからの人生でも大いに役に立ちますので、ぜひ周りの人に尋ねてみてください。

>>> 客観的に見た自分の姿は、他の人に聞いて確認しよう

╓─ テーマのカギ ─╖
● 「5W1H 法」と「So What 法」、そして「他の人へのヒアリング」を通じて、「自己分析」が可能になる。

第1章 面接のための準備

第2章 志望理由書のまとめ方

第3章 頻出質問・回答パターン

第4章 系統別面接実例

テーマ 6 ▶ 答え方のカギ──「一貫性」

🏢 一貫した主張・回答を心がけよう

　テーマ 5 までは主に面接や志望理由書の準備段階についてお伝えしてきました。このテーマ 6 では、志望理由書や面接における「一貫性」についてお話ししていきます。「一貫性」とは何かというと、「はじめから終わりまで、話題がずれることなく進んでいくこと」だと考えてください。面接で回答した内容で、はじめと終わりが内容的にずれていると不自然に感じられます。それを避けるために「一貫性」があるかどうかを意識していきましょう。

> 》　回答に一貫性をもたせれば、聞き手・読み手が納得できる

　「一貫性」といっても、実は 2 種類存在します。ひとつは「論理的一貫性」です。もうひとつは「内容の一貫性」だと考えてください。この 2 つがそろうと、自分の言いたいことが相手に伝わりやすくなりますよ。

> 》　「一貫性」には「論理」と「内容」の 2 種類がある

　まず「論理」の面から一貫性を考えていきましょう。「論理的一貫性」では、「主張」と「理由」がうまくつながっているかどうかが中心となります。では、志望理由書における「論理的一貫性」について見ていきます。文学部の志望理由書を見てみましょう。

> 質問 ▶ 本学を志望した理由について述べてください

NG 回答例

　私が貴学を志望するのは、貴学では日本の古典文学に関する研究が盛んだからです。古典文学には広く奈良時代から江戸時代まで含まれます。

奈良時代の文学には「万葉集」が挙げられ、これには当時の民衆の素朴な思いが歌われています。私は「万葉集」に関わる研究を行いたいと考えています。その経験を通じて図書館司書になるために努力したいです。

(NG ポイント)

　出だしの「日本の古典文学に関する研究が盛んであるから」という志望理由は特に問題ありません。ただ、「日本の古典文学」から「奈良時代の万葉集」に話題が狭められている点で、読み手からすれば「他の時代の作品には興味がないのだろうか？」という疑問が出てくるでしょう。また、「志望理由」が「古典文学研究のため」なのだと思って読み進めていくと、最後で「図書館司書になるため」にすり替わってしまっていますね。この志望理由書の中で「図書館司書」に関わる記述はここにしかありません。読み手に対してやや唐突な印象を与えてしまうでしょう。これらの点を改善できるはずです。

(OK 回答例)

　私が貴学を志望するのは、日本の古典文学のなかでも古い部類である「万葉集」の研究を通じ、図書館司書としての専門性を高めていきたいからです。古典文学には多くの作品が含まれますが、とりわけ奈良時代の文学には「万葉集」が挙げられ、これには当時の民衆の素朴な思いが歌われています。私は「万葉集」に関わる研究を行いたいと考えています。「万葉集」にある日本古来の情緒を学ぶことで、それに続く古典作品の源流を探れると考えます。その経験を通じて図書館司書になるために努力したいです。

(OK ポイント)

「志望理由」として「万葉集の研究を通じて図書館司書としての専門性を高めたい」という自身の思いをはっきりと表明できています。大学で何をしたいのか、その後どうなりたいのかを示すのも志望理由書では重要です。そのため、「研究したい内容」と「その後に希望する進路」を

明示することで論理的に一貫性をもった志望理由書にすることができています。

 では、次に「内容」に関する志望理由書の「一貫性」について考えてみましょう。外国語学部の志望理由書だと考えてください。

質問 ▶ 本学を志望した理由について述べてください

NG 回答例

　私が貴学を志望したのは、貴学では留学に関わる支援体制が充実しているからです。私は高校生の頃からアメリカ合衆国に留学したいと考えていました。それは、言語を学ぶことにより、自分の視野が広がると考えたからです。言語は一朝一夕には習得できないものです。それでも、私は日々の努力で言語について学び、世界に通用する人材になりたいと考えます。

NG ポイント

　大学を志望する理由が「留学に対する支援体制が充実しているから」というのは特に問題になるものではありません。読み手として引っかかってしまうのは次の点です。「言語を学ぶことにより、自分の視野が広がると考えた」とありますが、それは留学しないと身につかないものなのでしょうか。また、ひと口に「言語」といっても多様な言語が存在しているはずです。それにもかかわらず、この志望理由書ではあたかも「言語＝英語」であるかのような書き方をしてしまっています。これでは、言語に対する視野が狭いと感じられてしまいます。また、単にこの受験生は留学をしたいだけで、そのあとづけの理由として「言語で視野を広げたい」と書いているだけなのではないか、という疑念もわいてしまいます。一言でいうと、この志望理由書では、「留学したいから志望した」という理由と、その詳しい「内容」が食い違っているのですね。これでは読み手としても困ってしまうでしょう。これらの点を改善して

みましょう。

OK 回答例

　私が貴学を志望したのは、貴学では留学に関わる支援体制が充実しているからです。私は高校生の頃から留学に挑戦したいと考えていました。それは、言語を現地で学ぶことにより、自分の視野が広がると考えたからです。日本で学ぶ、英語をはじめとした言語からも得られるものは多くありますが、現地での生活の中で、文化と言語の関連性を肌で感じたいと考えます。私は日々の努力を通じて言語について学び、世界に通用する人材になりたいと考えます。

OK ポイント

「留学したい理由」が、「現地での生活の中で、文化と言語の関連性を肌で感じたいから」と明確化できましたね。確かに言語や言語学自体は日本国内でも十分に学べる環境があります。それを踏まえつつ、現地の雰囲気を肌で感じながら、言語と文化の密接なつながりについて考えていきたいという志望理由は納得のいくものになっています。「日本でできること」と「留学でしかできないこと」とを分けることにより、読み手に対して説得力をもつ志望理由書にすることができています。

　　　これらの志望理由書のように、<u>「論理」及び「内容」の面で一貫性をもたせることで、読み手に対する説得力が増す</u>ことがわかりましたね。皆さんも、志望理由書や面接での回答でこれらのことに気を付けてみてください。

テーマのカギ

●「論理」と「内容」の一貫性が説得力を高める。

テーマ 7 答え方のカギ──「抽象」と「具体」

「抽象」と「具体」を自在に使いこなそう

　　テーマ6では、志望理由書や面接における「一貫性」について考えていきました。今回のテーマ7では、「抽象」と「具体」に焦点を当てていきます。「抽象」と「具体」はセットで語られることが多いものです。まずは、「抽象」と「具体」それぞれについて説明していきましょう。わかりやすく表現すると、「抽象」は自分の「思考」や「意見」であり、「具体」はその「思考や意見」について読み手にイメージさせるためのツールだといえるでしょう。例を挙げるとするなら、「私は果物が大好きだ」が「抽象」であり、「果物のなかでもリンゴが一番好きだ」が「具体」です。「具体」は人の名前や物体の名前を挙げて「抽象」を補強するものと考えてみてください。これら「抽象」と「具体」を意識することで、面接の聞き手である面接官にとってわかりやすい回答ができるようになります。

>> 「抽象」と「具体」を意識して使い分けると効果的な回答ができるようになる

　　前回のテーマ6では「志望理由書」の文面を題材に考えましたが、今回は「面接」での回答を題材に見てみましょう。今回は、法学部を受験する生徒を想定して考えていきます。

 質問 本学で学びたいことについてお答えください

NG 回答例

　貴学では、人間に関係する法について、理解を深めたいです。法というのは、人間社会の営みを円滑に進めるために必要不可欠なものだと考えております。そのため、貴学においては、法が社会でどのような役割を果たしているかということについて理解を深めていきたいです。

NG ポイント

　この回答は、抽象的な表現のみで構成されていますね。たとえば、「人間に関係する法について、理解を深めたい」と答えていますが、そもそも法というものはすべて人間に関わるものです。モノにしか関わりのない法は存在しません。したがって、<u>話す内容の「抽象度」を上げすぎたがゆえに、実質的に意味のない回答になってしまっています</u>。また、「貴学においては、法が社会でどのような役割を果たしているかということについて理解を深めていきたい」と話していますが、結局「何をどのように学んでいきたいのか」ということがまったく見えてきません。これでは、面接官からすると、「パンフレットにあることをそのままもってきたのか」とか「インターネットにある内容を鵜呑みにしてしまっているのではないか」という不安を感じてしまうでしょう。何より、<u>具体的に自身が志望する大学で何をしたいのかという点が明確ではない回答に</u>なっています。そのため、「結局この受験生は自分たちの大学でどのような研究をしたいのだろうか」とか「本当にこの大学に心の底から入学したい、学びたいという意思があるのだろうか」といった疑念もわいてくるでしょう。このように、<u>あまりにも抽象的で具体的な内容のない回答は、聞き手にとって印象に残りにくいですし、印象を残したとしてもマイナスイメージしか残すことができない</u>のが現実ではないでしょうか。その点でこの NG 回答例 のような回答は避けるべきでしょう。

　では次に OK 回答例 を見てみましょう。この OK 回答例 では、「抽象」と「具体」がうまく組み合わさっています。目を通す際に、どの部分が「抽象」で、どの部分が「具体」なのかに注意してみてください。

OK 回答例

　私は、貴学で企業に関する法律、特に会社法について研究したいと考えております。私の家族は小さな会社を経営しているのですが、いつも法律のことを念頭に置いて事業に取り組んでいます。私がこれまでに調べたところでは、会社法は企業の大きさにかかわらず、その枠組みや、会社の重要な資金調達手段である株式発行について詳細に定めてあると思いました。企業に関するこのような決まりを知ることは、将来的に事

業を起こしたいと考えている私にとって必要なことだと考えます。そして、貴学ではこれまで会社法について多くの先生方が論文を書いていらっしゃると聞き、どうしても貴学に入学したいと考え、志望しました。

OK ポイント

　この回答での「抽象」の部分は「法律（会社法）について研究したい」という箇所です。法学部を設置している大学であれば、法律はもちろんのこと、会社法についても学べることは当然です。そのため、この部分はどの大学にもあてはまる「抽象」になります。一方、この回答では「具体」の部分が豊富なのはすぐにわかりますね。たとえば「家族が法律を念頭に置いて事業をしていること」が「具体」にあたります。これは受験生独自のエピソードであり、面接官としては興味をひかれるところです。また、この受験生が「将来事業を起こしたいと考えており、その資金調達のためには会社法の知識が必要だと知った」というのは、自身の将来のビジョンをある程度描くことができていることをうかがわせます。また、自分なりに調べた結果として資金調達のために会社法の知識が必要であると考えたというのは、学問に対しても自発的に調査・研究しようという意識が表れており、面接官にとって好印象を与えることができるでしょう。大学というのは自分なりに問いを立てて、それに対する自分なりの答えを見つける場であるということができます。したがって、自分の興味があることについて積極的に調べようとする姿勢は、主体性も評価できますし、大学に入ってからのポテンシャルも感じられます。こういった点で、この回答であれば面接官に良い印象をもってもらえるでしょう。

　ここまでの **NG 回答例** と **OK 回答例** とを比べてみると、その差ははっきりしていますね。**NG 回答例** では「どこの大学にもあてはまるような抽象的で無難すぎる回答」になっています。また、「その大学・学部に入る必然性が感じられない回答」になってしまっていますね。一方、**OK 回答例** では、自分なりのエピソードを交えつつ、主体的に目的をもって調査・研究を行うという方向性で回答をしています。これにより「この受験生は大学に入ってもがんばってくれそうだ」という印象を与えられる

でしょう。このように、「抽象」だけに終わらず、「具体」を適切に回答に盛り込むことにより、評価の高い回答をすることができますよ。

テーマのカギ

● 「抽象」だけでなく、自分なりの「具体」を盛り込んだ回答を心がけよう。

具体例で説得力を増し、
合格回答に近づけよう！

テーマ 8　志望校の情報収集

志望校の情報収集の重要性を知ろう

　　面接では、志望校や学びたい分野に関して自分がどれだけの情報をもっているかが勝敗を分けます。「どこの大学でもいい」のではなく「この大学に入学してどうしてもこの分野を学びたい」と面接では話さなければなりません。そうしなければ、面接官を納得させることはできないからです。自身の面接での回答で面接官を納得させることが重要なのです。面接官は大学の教員ですから、面接官に「この生徒は自分たちの大学にふさわしい」と思わせるには、その大学の情報を頭の中に入れておく必要があります。自分にインプットされていないことは自分の言葉にかみ砕いて面接官に伝えることはできないので、まずは情報収集と知識の習得が重要です。

> 情報と知識の量が面接の合否を決める

「オープンキャンパス」に行こう

　　「学校のことを知る」という点では、「オープンキャンパス」が最適です。オープンキャンパスに参加することで、多くのことを知り、体感することができます。オープンキャンパスで体感できることのひとつは「大学の雰囲気」です。その大学のキャンパスの周辺や校舎、そして通っている学生がどのような人なのかを知ることができます。それを肌で感じることで、学校が自分に合っているかということがわかり、将来的に通っている自分の姿を具体的にイメージすることができます。

> オープンキャンパスで「雰囲気」を感じよう

また、オープンキャンパスでは、実際にその学校で教えている先生方や入試担当の職員の方々、また学生たちから多くの情報を得ることができます。先生方は、オープンキャンパスで模擬講義を実施することがあります。それらを通じて、その学校でどのようなことを学べるかを直（じか）に教えてくれます。入試担当の職員の方々は、意外と受験に関して率直なアドバイスをしてくれることがあります。試験の制度についてはもちろん、自分はどのような試験形態で受験したほうがいいかという相談も親身になって聞いてくれることが多いです。これを通じて、自分に合ったやり方で入試を受けることが可能になることがよくあります。また、その大学の学生が「進路相談」といった形式で相談に乗ってくれることもあります。実際に受験を乗り越えた先輩にあたるので、受験勉強をどのように突破したかということや、面接試験をはじめとして、入試がどのような形で行われるのか、質問では何を聞かれたかという生の声に触れることができます。学生生活の実際の姿も教えてくれるので、入学したあとの自分の生活をイメージすることにもつながります。

》》 実際の話を聞いてイメージをふくらまそう

　さらに、オープンキャンパスでは、入試に学科試験や小論文を課す場合にはその過去問題を配付してくれることや、入試の対策講義をしてくれることもあります。これらは入試の準備をするうえで直接的に役立ちますね。また、面接の際に聞かれる質問のひとつに、「オープンキャンパスには参加しましたか？」というものがあります。これはオープンキャンパスに参加しない限り、「はい」と答えることができない質問ですね。それに、その学校に興味があるのなら、オープンキャンパスに参加するのはいまや当然になりつつあるので、受験する可能性が少しでもあれば、オープンキャンパスに参加するのがベターです。

》》 入試対策としてもオープンキャンパスは活用できる

学びたいことに関する情報も集めよう

面接では、当然ながらその場で情報を調べることができません。自分が学びたいことについては事前に調べておかないと面接でとっさに答えることができないということです。自分は大学でこういうことを学びたい、と話しているのに、その分野について何も知らなければ、興味関心が疑われてしまいます。そうならないための情報の集め方をご紹介します。

>>> 学びたいことに関する知識をインプットしておこう

基本はインターネットでの検索で OK

学びたいことに関する知識が必要と言われると、専門書を読まなくてはいけないのかと思うかもしれませんが、そのようなことはありません。専門知識は大学に入ってから学ぶわけですから、高校卒業程度、その学問の入門レベルの知識があれば十分です。そこで、まずは自分が志望する大学の Web サイトを見て、そこから自分の興味のあること、大学がピックアップしていることをメモしてください。ここでメモするのは、文章ではなく、キーワードだけで大丈夫です。スマホのメモアプリにコピー＆ペーストしておくのも便利ですね。それらをこのあとでさらに調べていきます。志望校の Web サイトから始めることで、大学への理解も深まるという効果も期待できます。

>>> 大学の Web サイトから始めよう

 大学の Web サイトから、自分が興味のあるキーワードをピックアップしたあとに行うことは、キーワードについて、自分で説明できる程度の知識を身につけることです。

気を付けなければならないのは、信頼できる情報源から知識を得るようにするということです。インターネット上には時には正しくない情報も含まれていますから、それは排除しなければなりません。そのようなときには「〇〇 .go.jp」もしくは「〇〇 .ac.jp」と検索してみてください。検索したい言

葉に「.go.jp」をつけることで政府関連機関の情報だけ、「.ac.jp」をつけることで大学などの研究機関の情報だけを検索することができます。

≫ 検索の仕方も工夫しよう

 さらに、より深くキーワードについて知りたいときには、「Google Scholar」という無料の Web 検索サイトを使用することもできます。これは大学や研究機関などの研究論文だけに絞って調べることができる Web サイトです。これを利用することによって、自分が調べたいことを学術的な面から知ることができます。さらに、ひとつの論文を見つけたら、その「引用文献」も検索してみてください。引用文献とは、その論文を書く際に執筆者が参考にした論文のことです。これにより関連する知識を増やすことができます。もちろん、長い論文を読むのは時間がかかりすぎますから、自分が読める範囲の比較的易しく書いてある論文から読んでみましょう。論文まで読んで知識を深めることができれば、面接でも自信をもって答えることができます。

≫ 検索ツールを最大限活用しよう

テーマのカギ

● オープンキャンパスと Web 検索を駆使して情報を収集しよう。

第 **2** 章
志望理由書の
まとめ方

テーマ 9 頻出項目から原則を考える

🏛 「志望理由書」の原則から考えよう

 面接試験を受ける際には、「志望理由書」を事前に提出していることがほとんどです。面接官は志望理由書に目を通したうえで、気になるところを中心に聞こうとするものだと考えてください。面接の基礎にある志望理由書で聞かれることはかなり似通っているため、それらから「原則」を導くことは可能です。まず、志望理由書で質問項目として挙げられやすいのは次の通りです。

▶ ①あなたがこれまでに力を入れたこと（学習活動・部活動・課外活動など）を書いてください。
▶ ②あなたが本学を志望した理由を書いてください。
▶ ③あなたが本学で学びたいことを書いてください。
▶ ④本学卒業後、どのようなことをしたいか書いてください。

 これら 4 つの質問が志望理由書でよく提示されます。これらの質問は「時間軸」で整理することが可能です。「時間軸」は「過去」「現在」「未来」の 3 つです。4 つの質問は次のようにまとめることができますね。

▶ ①（力を入れたこと）＝過去
▶ ②（志望理由）＝現在
▶ ③（大学で学びたいこと）＝未来
▶ ④（将来像）＝未来

では「時間軸」を基本としつつ、志望理由書で守るべき「原則」を考えていきましょう。

志望理由書では「大学で学びたいこと」と「将来像」の２つが不可欠です。「大学で学びたいこと」でも「将来像」でも「未来」のことが問われています。この２つがつながっていることが必要です。たとえば、「学びたいこと」は「心理学」なのに、「将来像」が「公務員として地域に貢献する」だとすると、２つがずれている印象を受けますよね。このように、「学びたいこと」と「将来像」とがずれてしまっていると、面接官の側からすれば、「この受験生は、本当に自分の将来を考えたうえで私たちの大学に入りたいと考えているのだろうか」と不安になります。つまり、その大学で学びたいことが、将来の自分の理想像とマッチしていないと、志望理由書や面接でマイナスになってしまうのです。

　　　「学びたいこと」及び「将来像」はいずれも「未来」のことです。先ほども述べたように、自分の将来像には一貫性をもたせたいところです。次のことを意識しましょう。

>>> **自分が目指す将来像から逆算して、学びたいことを考える**

　大学で学ぶことは、自身の将来像と結びついてくるはずです。そのため、「将来像」と「学びたいこと」は合致しているはずなのです。ただ、どのように合致させればいいのかがわからないこともありますよね。そのときに、「将来像からの逆算」という手法を用いて、大学で学びたいことと、将来像を結びつけることも可能です。たとえば、将来「公務員になって地域に貢献したい」一方で、「心理学にも興味がある」としましょう。そのときには「心理学を学ぶうえでは大量の情報を統計的にまとめ上げ、そこから傾向や法則を導き出すことが必要となる。この思考法は日々の業務の中で多様な情報を扱う公務員にも必要だと考える」といった書き方が可能になります。

　　　このように、将来像から逆算していくと、志望理由書が全体として一本の軸でつながり、説得力のあるものになります。

志望理由書には「フック」を仕掛けよう

　「フック」は聞いたことのない受験生が多いと思います。本書では、志望理由書に書く「フック」とは、次のようなもののことをいいます。

> 意図的にあいまいに書くことで、面接官に「質問したい」と思わせる

　たとえば、志望理由書では「これまでに自分が力を入れたこと」がよく問われます。この質問に対する回答として、次のように書いたとしましょう。「私は、高校3年生の時に、剣道部の主将を務めました。剣道部はそれまでの伝統があり、多くの部員はそれに従って練習していました。私はその伝統と呼ばれているものが現状に合っていないと考え、改善するように訴えました。具体的には、朝練習の廃止、頭髪制限の廃止です。しかし、これには卒業生を含め部員などから様々な反発がありました。それでもそれぞれの部員の意見を聞き、行き違いを整理し、話し合うようにしました。その時意識したのは、相手の意見を尊重するという点です。それによって部員のあいだの意見の違いを調整することができました」……これだけを読むと、特に問題はなさそうです。ただ、自分の言いたいことをすべて書いてしまっており、面接官が「もっと詳しく聞きたい」と思うことは少ないかもしれません。自分が一生懸命にしたことでも、面接で質問されなければ、アピールすることができません。そのような事態は避けたほうが良いです。

　そのために用いるのが「フック」です。「私は、高校で剣道部の主将を務めました。部活の伝統の在り方について部内で意見の行き違いが起き、困難な場面に直面しました。それでも、リーダーシップを発揮することにより、その問題を解決することができました」……このように書くと、面接官としては「"困難"とはどのようなものか」「どのような策を講じたのか」といった疑問がわき、質問をしたくなります。そうすると、面接の場面でその点を質問される可能性が高まります。自分が自信をもって語ることができるエピソードを質問してもらえるように面接官を誘導する、その仕掛けが「フック」です。この「フック」を適切な部分に配置することで、面接そのものを自分に有利に動かすことができます。この「フック」に面接官が目をつけてくれれば、自分の能力やポテンシャルをアピールできます。

志望理由書では「流れ」が重要

 　先ほど、志望理由書では「つながり」と「フック」の2つを盛り込んで、面接官が納得しつつも質問しやすい志望理由書を書くといいとお伝えしました。加えて重要なのは、「流れ」です。

》 志望理由書の「流れ」が読みやすさを決める

 　志望理由書には、入れるべきことがいくつかあります。「将来像と学びたいことをつなげるために、その大学でなければならない」理由を伝えることが必要です。ただし、これらのことを伝えるにも「順序」があります。伝え方の順序を間違えてしまうと、内容面では同じはずなのに、読み手にとっては読みづらくなることがあります。今回は一般的に面接官の目線に立って読みやすいと感じられる「順序」、つまり「流れ」を学んでいきましょう。

》 流れを使って面接官を引き込もう

 　志望理由書で読みやすいと感じられる流れは、基本的に次のようなものです。

◤ 志望理由書の「流れ」

項　目	内　容
❶ その大学を志望する理由	なぜその大学を志望先として選んでいるのか、簡潔に伝える
❷ 自分の将来の理想像	自身が将来的にどのような姿になっていたいのかを伝える そのように思った具体的なきっかけ（経験など）や問題意識を書いても良い
❸ その大学で学びたいこと	志望する大学で何を中心に学びたいのか
❹ その大学でなければならない理由	理想とする「将来像」とその大学で「学びたいこと」を実現できるのがその大学しかないことを伝える

志望理由書に盛り込む要素

 　　ここからは、「過去のきっかけ」、そして「問題意識」を書くことについてご説明します。

》》 「きっかけ」が志望動機のはじまりになる

 　　どういった将来を築きたい、どこの大学に行きたいという志望は個々で異なっているにしても、そう思うようになった「きっかけ」があるはずです。そのきっかけが出発点となって、「志望動機」になります。志望動機のスタート地点といっても、何か重大な出来事を書かなければならないわけではありません。あなたの身近な出来事や日頃から考えていたことでも構いません。また、過去に見聞きしたニュースなどをきっかけにしても問題ありません。その職業、大学を志望するようになったのはどのようなことがあったからなのか、それを明らかにすれば大丈夫です。

 　　志望するきっかけを見つけるには、自分のこれまでの経験や、考えてきたことを紙に書き出していくとうまくいくことが多いです。もちろん、直接のきっかけがすぐ見つかるわけでもありません。自分が現在その大学を志望するようになった時期や、その時期に自分が何をしていたか、ということを最初に考えてみてください。「時期」と「その時に自分が取り組んだこと、見聞きしたこと」がきっかけを発見する重要な要素です。自身の経験をさかのぼっていって、これ以上さかのぼれないと思えるとき、それがきっかけとなります。

》》 過去をさかのぼり、自分の経験を掘り下げよう

そもそも、なぜ「きっかけ」を志望理由書に書いたほうが良いのでしょうか。それは、<u>自分がその職種や大学を志望するようになった時期を明確にするとともに、面接の際にも「なぜその職種や大学を志望するようになったのか」</u>が話しやすくなるからです。「きっかけ」は「過去」のことです。その「過去」があるからこそ「現在」そして「未来」があります。こうなりたい、この大学で学びたい、その先はこうなりたい、そういった思いを示すためには、きっかけを書くことが有効です。面接官にとっても、それを頭に入れることで面接をスムーズに進めやすくなります。自分のやりたいことをわかりやすく話すために、きっかけを入れてみましょう。

　さて、きっかけを入れようと言っても、<u>それだけでは、その職種を選ぶことにした理由としては弱いと感じられてしまうでしょう。</u>たとえば、あなたが弁護士になりたいとして、その理由に「幼い頃に弁護士が主人公の映画を見たことがきっかけです」と答えられても、面接官は納得できません。仮に幼い頃の経験が強烈だったとしても、それが弁護士を目指す直接の理由にはならないはずです。法学に関係する仕事は、「弁護士」「裁判官」「検察官」「裁判所事務官」「検察事務官」「行政職公務員」「弁理士」「会社の法務部」など数多く存在します。このように、自分が志望する職種を目指すための理由にするためには、きっかけだけでは不十分だといえるでしょう。では何が必要なのか、このあとご説明しますね。

　「きっかけ」が出発点となることは先ほどご説明しました。そのうえで考えるべきなのは、「問題意識」です。「問題意識」とは、簡単に言うと、<u>自分の関心のある職業や大学に関連して自分が感じた、社会的な課題・問題のことです。</u>たとえば、経済系の職種の問題意識としては、「自分が住む地域では中小企業の倒産が増加しており、それにより地元の経済に活気が失われている」といったものが挙げられます。自分なりの問題意識を書くことによって、「きっかけ→問題意識→志望する動機」という流れができ、面接官にとって、わかりやすい志望理由書ができあがりますよ。

≫≫ 「きっかけ」から「問題意識」へとつなげてみよう

志望理由書の内容として「きっかけ」と「問題意識」の２つを挙げました。他にも、自分が問題だと感じていることを解決するためにその大学に行くわけですから、そこで「学びたいこと」が明確でなければなりません。

≫≫　「学びたいこと」をはっきりさせよう

　　大学はあくまでも、知識を習得し、技能を身につけるための場です。したがって、自身が学びたいことがあいまいだと「本当にこの受験生は学ぶ気があるのか？」と面接官に疑問に思われてしまうかもしれません。そのため、自分が志望する職種と、自分がもっている問題意識をつなげるものとして、「学びたいこと」を書いたほうが良いでしょう。ここですべての職種について必要な「知識」を挙げることはできませんが、自身が志望理由書に書く際には、その大学で実際に学べるものなのか、カリキュラムなどを参照して確認してくださいね。

　　志望理由書に書くべきことには、「志望校で学びたいこと」と「将来像」の２つがあるとすでにお話ししました。ここではその「将来像」について、具体的にどのようなことを書けばいいのかをお伝えしますね。

≫≫　「将来像」で「学びたいこと」が生きてくる

将来像を示して自身のポテンシャルを見せるには、面接官に、自分がその大学で生き生きと学び、卒業後その職種で働いている姿を具体的にイメージしてもらうことが必要です。人間だれしも、自分がイメージできないことは実現しづらいものです。それは面接官も同様で、受験生が活躍できそうだと具体的にイメージできない場合は、「合格」の判断をためらってしまいます。ですから、大学や職場で活躍できている自分を面接官が想像できるまで具体化しましょう。

》　将来像を具体化し、イメージできるようにしよう

 　　ここまで、志望理由書に何を盛り込むべきかをお話ししてきました。志望理由書に盛り込むべき最後の要素は、「志望校が最適だと考える理由」です。特に医歯薬・看護医療系の場合は、志望校が自身の希望する職種に直結していることが多いです。また、大学で学ぶ内容も似通っています。そのなかで、自分が行きたい大学の特色をつかみ、その大学に通わなければならない理由を書く必要があります。

》　なぜその大学に通いたいかをはっきりさせよう

 　　志望理由として、「○○大学ではマーケティングについて学べるため志望しました」と書いたとしましょう。マーケティングに関して学ぶだけであれば、商学部のある大学ならどこであってもおおむね可能なはずです。そのため、「マーケティングについて学べるから」という理由だけでは、どこの大学でもあてはまる志望理由となってしまいます。そうすると、志望理由書を読んでから面接に臨む面接官としては、「この生徒は本当にこの大学に通いたいのだろうか」と疑問をもってしまうでしょう。つまり、その大学でしか学べないことを把握し、それを志望理由書に書く必要があるのです。それを書くことによって、自分にしか書けない志望理由書となり、周りの受験生と差をつけることが可能になります。

それでは、その大学でしか学べないことにはどのようなことがあるかをご紹介しますね。基本的には、「専門性」、「規模」、「卒業後の進路」を見据えることになります。

≫≫　３つの観点から志望校を観察してみよう

　まず「専門性」とは、「その大学やそこに所属している教授がどの程度特定の分野に力を入れて研究をしているか」ということです。広告について学びたいのに、志望大学に広告を専門とする先生がいなければ、その大学に進学しても意味はないですよね。逆に、大学や学部全体として特定の分野に焦点を当てていて、それと自身の希望が合致していれば、その大学を目指す必然性が生まれるわけです。

　次に「規模」ですが、これは実質的に「大学がその分野に投じている予算や人的資源」と同じ意味だと考えてください。特定の分野に関連する研究室が多くあったり、その分野専用の施設が設置されていたりしていれば、予算や人的資源が多く投入されていることになります。これは大学の Web サイトに多く掲載されていることですので、大学について調べるなかで、どの大学なら自分の関心のある分野に特化しているかを知ることが可能です。

　最後に「卒業後の進路」ですが、これは大学がそれぞれに Web サイトやパンフレットなどで発表しているものを参考にしましょう。卒業生のうち、資格に関連する職種が多いのか、それとも一般企業に就職することが多いのか、また、行政に関連する職種に進むことが多いのかということがわかります。

　このように、志望理由書には頻出の質問事項が存在し、そこから「過去→現在→未来」というように一貫性をもたせることが重要です。これらを原則として捉えて、自分の経験や志向を生かしつつ、志望理由書を仕上げていくことが重要です。その際には、「フック」のようなテクニック、「自分の経験の掘り下げ」といった技法を取り入れながら書き進めていくといいでしょう。また、志望理由書を書いたら、学校の先生など、信頼のおける第三者に見てもらいましょう。自分では完璧だと考えてい

ても、第三者の視点からすると、論理に難があったり、わかりづらい表現があったりします。第三者の目で志望理由書をチェックしてもらうことにより、より良い志望理由書ができ、その先の面接につなげることができますよ。

 　次のテーマからは、各学部系統別の志望理由書の例を挙げていきますので、自身が志望している学部系統だけでなく、他の学部系統の事例にも目を通してみてくださいね。

テーマのカギ

● 志望理由書では「過去→現在→未来」の一貫性をもたせる。
● 「フック」の形で面接の際に優位に立てるように工夫しよう。
● その大学で学ばなければならない必然性をアピールしよう。

志望理由書は、面接のための
重要な下準備ですよ！

テーマ 10 文学部の志望理由書

 今回のテーマ10 では、文学部の志望理由書のサンプルを題材にして、どのように書くのが適切なのか考えていきます。

✗✗✗✗✗✗✗✗✗ **NG案** ✗✗✗✗✗✗✗✗✗

① これまでに力を入れたことを 200 字以内で書いてください。

✗ 　私は高校時代に文芸部で小説の創作活動に取り組みました。文芸部の活動では、私自身が感じたことや考えたことを題材として、小説を書くようにしており、私はその部長として部員をまとめ、文化祭では来場された方に創作物のまとめを配布できるように努力しました。そうすることで、部員の結束も強くなり、部として学校全体に何を発信できるのかを考え、その結果として学校独自の文学雑誌を作り上げるまでになりました。（194 字）

修正ポイント

「力を入れたこと」として「小説の創作活動」を最初に挙げています。それ自体はまったく問題ありません。ただ、途中から文芸部の部長としての活動が話題になっており、「小説の創作活動」においてどのような努力をしたのかが伝わってきません。自分が一番努力したことにフォーカスして書いたほうが、読み手にも伝わりやすい文章になります。

② 本学を志望した理由を 200 字以内で書いてください。

✗ 　高校時代に創作活動のなかで文学作品について取り組んできましたが、文学部ではそもそも文学とはどのようなものなのかを学べると思い志望しました。貴学には文学のなかでも、私が興味をもっている純文学について研究されている先生方が多くいらっしゃいます。純文学はいわゆる大衆文

学とは違い、その作家の人間性が色濃くにじみ出るものだと考えております。そのため貴学を志望いたしました。(182字)

修正ポイント

「文学そのものに興味がある」→「貴学には純文学を研究している先生が多くいるために志望した」という流れには問題はありません。<u>大学にいる先生方の専門分野まで調べることができており好印象です。</u>ただ、後半の「純文学には作家の人間性が色濃くにじみ出る」→「そのため貴学を志望した」の部分には論理的一貫性はありません。純文学についての単なる自分なりの感想を述べただけにとどまっており、その大学を志望する理由にはなっていないのが惜しいところです。

③ 本学で学びたいことを200字以内で書いてください。

× 私は純文学とはどういうものなのかについて、その歴史をひもときながら貴学で研究したいと考えます。現在、文学は「純文学」と「大衆文学」に大きく分かれています。ただ、かつては文学はひとつにまとまったものであったはずです。それが、文学の歴史のなかでどのような経緯で分かれていったのか、これからどのように変化していくのかを研究していきたいです。(167字)

修正ポイント

内容そのものとしては、「純文学」と「大衆文学」が分かれた契機について歴史を踏まえて研究したいというものになっており、特に問題はありません。ただ、<u>「自分が行いたい研究はこの大学でしかできない」と訴えることができれば、面接官に熱意をより伝えられる志望理由書になったでしょう。</u>

④ 本学卒業後、どのようなことをしたいか 200 字以内で書いてください。

✕ 　貴学で学んだ、文学そのもののありようや存在意義を踏まえ、世の中に多くの文学作品を生み出す手助けをしたいてす。具体的には、編集者として出版社に勤めることにより、創作意欲のある作家の方々を発掘し、その作家の思いを形にして世に送り出したいです。そのためには、作家の思いや本気度を見極める能力を高め、社会にムーブメントを起こせるような作家を見つけられるようにしていきたいと考えています。(189字)

修正ポイント

　前半では「文学そのもののありようや存在意義を踏まえ、世の中に文学作品を生み出す手助けをしたい」と書いています。一方後半では、「作家の思いや本気度を見極める能力を高めたい」としています。これでは、前半と後半で内容が食い違ってしまっています。また、志望校で学びたいとしていたはずの「文学そのもののありよう」について、後半部分では触れられていません。そのため、面接官としては「この受験生は大学で文学を学ばなくてもいいのではないか」と思ってしまう恐れがあります。内容を一貫させたほうが良いでしょう。

〇〇〇〇〇〇〇〇〇 **OK案** 〇〇〇〇〇〇〇〇〇

① これまでに力を入れたことを 200 字以内で書いてください。

〇 　私は高校時代に文芸部で小説の創作活動に取り組みました。私が注目していたのは「人と人の関係性はどのように変化するか」ということです。人間だれしもそれぞれに感情や思想をもっていて、それらはその人自身の中で変化します。それによって、今まで仲の良かった人との関係性が悪化したり、その逆があったりします。私は個人の内部での考え方の変化によって他人との関係性までが変わっていくことに着目し、小説を書きました。(198字)

② 本学を志望した理由を 200 字以内で書いてください。

　高校時代に創作活動のなかで文学作品について取り組んできましたが、そもそも文学とはどのようなものなのかを学べると思い志望しました。貴学には文学のなかでも、私が興味のある純文学について研究されている先生方が多くいらっしゃいます。純文学の観点から文学を研究したいと考えております。そのため貴学を志望いたしました。(153 字)

③ 本学で学びたいことを 200 字以内で書いてください。

　私は純文学とはどういうものなのかについて、その歴史をひもときながら貴学で研究したいと考えます。現在、文学は「純文学」と「大衆文学」に大きく分かれています。ただ、かつては文学はひとつにまとまっていたはずです。それが、文学の歴史のなかでどのような経緯で分かれていったのか、どのように変化するかを研究していきたいです。純文学の源流を学べる貴学ではそれが可能だと考えました。(183 字)

④ 本学卒業後、どのようなことをしたいか 200 字以内で書いてください。

　貴学で学んだ、文学そのもののありようや存在意義を踏まえ、世の中に多くの文学作品を生み出す手助けをしたいです。具体的には、編集者として出版社に勤めることにより、純文学作家の方々を発掘し、その作家の思いを形にして世に送り出したいです。そのためには、自分なりに純文学への造詣を深め、社会にそれを問うことのできる存在になりたいと考えております。(168 字)

テーマのカギ

● 内容がずれていかないように注意しよう。

テーマ 11　教育学部の志望理由書

　今回のテーマ 11 では教育学部の志望理由書のサンプルを題材にして、どのように書くのが適切なのか考えていきます。

✕✕✕✕✕✕✕✕　**NG案**　✕✕✕✕✕✕✕✕

① これまでに力を入れたことを 200 字以内で書いてください。

✕　　私は中学校、高校生活を通して多くの先生方と対話を重ねてきました。中学生の頃は単に先生と仲良くなりたいという思いで積極的に話を聞きに行ったのですが、自分の進路において教師という職業を視野に入れた際、それぞれの先生方がどのような思いで職務にあたっているかを聞くように努めました。そうして話を聞くなかで教師がどのようなものなのかがわかり、自分が専門としたい教科にも力を入れました。(187字)

修正ポイント

「力を入れたこと」に「先生方と話したこと」を挙げています。特に問題があるわけではありません。ただ、これまでに力を入れたこととしてはやや漠然としています。先生方と話をするなかでどのような点に注意して聞いたのかとか、話を聞く際にメモをとり蓄積していったとか、努力したことをより具体的に書いたほうが良かったでしょう。

② 本学を志望した理由を 200 字以内で書いてください。

✕　　私は将来的に小学校の教師になることを考えております。貴学では、小学校の教員養成のためのカリキュラムが整っており、また、「子どもたちに寄り添える教師を輩出する」という建学の理念に共感できました。卒業生の多くも小学校の教師になっています。そのような理由から、貴学を志望しました。(137字)

|修|正|ポ|イ|ン|ト|

「小学校の教師になりたい」ということを軸にして志望理由を書いています。その内容としては、「カリキュラム」と「建学の理念」、そして「卒業生の進路」に終始しており、この大学でなければならない理由としては漠然としているところが残念なところです。

③ 本学で学びたいことを200字以内で書いてください。

✕　私は教育をいかに実践するかを学びたいです。教育では子どもたちにどのように成長してもらうか、教師としてどのようにそれを支援するかということが重要だと考えます。私自身も、学校の先生に相談をすることにより悩みを解決できたことが数多くありました。私は小学校の教師になりたいと考えておりますので、小学生の年代の子どもたちとの接し方を教職課程や教育実習で学びたいです。（178字）

|修|正|ポ|イ|ン|ト|

教育をいかに実践するかを学びたいとのことですが、内容として教育自体の一般論にとどまっているのが惜しいです。確かに自身の経験を織り交ぜつつ書いている部分は評価できます。ただ、教職課程や教育実習は教員になるのであれば必ず経験するものですし、どの大学であろうと同じことです。したがって、どの大学にもあてはまるものになってしまっています。

④ 本学卒業後、どのようなことをしたいか200字以内で書いてください。

✕　私はここまで述べてきたように、小学校の教師として子どもたちの成長に貢献していきたいと考えております。小学校の教師は6歳から12歳まで幅広い年齢の子どもたちに教育を行います。そのため、多くの知識と経験を積み、一人の教育者として成長していきたいです。また、他の教師と

も切磋琢磨し、授業や子どもたちの指導の仕方を磨いていきたいです。
（162字）

修正ポイント

　この志望理由書では、一貫して小学校の教師になりたいということが書かれており、「一貫性」という点ではすぐれたものになっています。小学校の教師になりたいという強い思いは感じられるものの、この大学で学びたいという意欲がやや薄いように思われます。どこの大学でもあてはまる漠然とした志望理由書になっているので、面接官の目線からすると響きにくいものになっているでしょう。

OK案

① これまでに力を入れたことを200字以内で書いてください。

　私は学校生活の中で、自身の進路を念頭に置いて、先生方からお話を聞き、勉学に励みました。中学生の頃は単に先生と仲良くなりたいという思いで話を聞きに行ったのですが、そうするうちに自分の進路において教師という職業を目指すようになりました。その後、先生方がどのような思いで職務にあたっているかを聞くように努めました。自分が専門としたい教科にも力を入れることで将来に対する準備もしてきました。（191字）

② 本学を志望した理由を200字以内で書いてください。

　私は将来的に小学校の教師になることを考えております。小学校の教師には、多様な性格や特性をもつ子どもたちと直接触れ合い、生きる力を教えていく能力が必要です。貴学には教育学部に付属する小学校及び中学校が存在します。付属する学校での研究授業の見学ができるカリキュラムは貴学の建学の理念を体現するものであり、私自身が成長できる最良の場だと感じました。そのような理由から、貴学を志望しました。（191字）

> ③ 本学で学びたいことを 200 字以内で書いてください。

　小学校の教師に必要な知識として、子どもたちの発達に関するものが挙げられると考えております。今日では発達に困難を抱える子どもたちも多く、そういった子どもたちへのケアが必要不可欠です。貴学では、多様な子どもたちが同じ場で学ぶインクルーシブ教育について学びたいです。その講義を通して発達特性に関する知識を獲得するとともに、実習により知識を実践的に深めていきたいと考えます。（183字）

> ④ 本学卒業後、どのようなことをしたいか 200 字以内で書いてください。

　ここまで述べてきたように、私は貴学卒業後、小学校の教師として子どもたちの教育にあたりたいと考えています。様々な個性をもつ子どもたちの成長に携わるには、豊富な知識が前提となります。貴学で学ぶ小学校教育に関わる知識を保持しつつ、教育実習で受ける現場での指導を生かしていきたいです。特に、貴学の研究授業での学びを通じて得られた知見を実践できる教師になりたいと思います。（181字）

テーマのカギ

●抽象的な内容で終わると、どの大学でもあてはまるようになってしまいがちなので気を付けよう。

テーマ 12 外国語学部の志望理由書

 今回のテーマ 12 では外国語学部の志望理由書のサンプルを題材にして、どのように書くのが適切なのか考えていきます。

✕✕✕✕✕✕✕✕ **NG案** ✕✕✕✕✕✕✕✕✕

① これまでに力を入れたことを 200 字以内で書いてください。

✕ 　私は高校での課外活動として、近くの海の砂浜の清掃活動に継続的に参加してきました。その海は数十年前は非常に美しいことで有名だったのですが、近年は海水浴客がゴミを捨てたり、漂着物が増加したりしたために環境が悪化してしまいました。浜辺の清掃活動は地元の有志が数年前に開始したもので、今では浜辺が存在する市も支援し、多くの人が参加するものになっています。（173 字）

修正ポイント

　この質問で聞きたいことは、受験生自身がどのようなことに力を入れてきたのかということです。この NG 案では、「浜辺の清掃活動」についての説明を詳しく書きすぎたために、自分自身がどのような活動を行ったのかがわからないものになっています。志望理由書はその受験生の人となりを知りたいから書いてもらうものです。また、清掃活動について詳しく聞きたければ面接で質問されるはずなので、ここでは詳しく説明する必要はなかったでしょう。

② 本学を志望した理由を 200 字以内で書いてください。

✕ 　私には外国籍をもち、日本語をうまく話すことができない友人がいます。私はジェスチャーなどを通じて意思疎通ができていますが、他の人は友人への対応に困っているようでした。たとえば、公共交通機関を利用する際

にも、行先やアナウンスがうまく聞き取れず、周囲の人たちもどう伝えればよいかわからず途方に暮れたことが何度もあります。私は外国語を学び言語の障壁を乗り越えられる方法を学びたいと考え、貴学を志望しました。(199字)

修正ポイント

　この質問は志望理由そのものを尋ねているものですが、書いている内容としては自分自身の紹介にとどまってしまっています。志望理由を答える場合には、冒頭に自身がその大学をなぜ志望するのかを書いておかないと、面接官としては受験生が何を言いたいのかわからないままになります。確かに友人の存在が志望動機の一部になっていると思われますが、それは周辺の事項です。核心としての志望理由を直接書くようにしましょう。

③ 本学で学びたいことを 200 字以内で書いてください。

×　私は様々な外国語について、その成り立ちを研究し、それらに普遍的な原則がないか調べたいと考えています。言語というものは人間にとって必要不可欠なものであり、人類を他の動物と分けるものです。言語がもつそうした特性は、私たちの祖先が身につけ発達させたものと考えます。現代において高度に発達した言語について学び、どのような普遍性があるのか、そしてそれはなぜ発生したのか知りたいです。(186字)

修正ポイント

　外国語学部で学ぶことを志す受験生として、意欲的に学問に取り組もうとしていることがうかがえます。確かに言語には普遍性があるかもしれませんが、読み手からすると、そのあとの言語についての説明が余計なものに感じられます。読み手は言語に関する専門家ですから、その起源などはすでに知っているでしょう。そのため、言語について詳しく述べる必要はないと思われます。

④ 本学卒業後、どのようなことをしたいか 200 字以内で書いてください。

×　　貴学で言語コミュニケーションの能力を培い、すべての人が等しく意思疎通できるような翻訳機の開発に取り組みたいです。現代の世界は、グローバル化が進んでいます。たとえばひとつの企業にしても、他国の品物を輸入することやその逆もあります。そのようなダイナミックなモノやサービスの動きには、それぞれの過程で携わる人が変わっていきます。私はそれを助けるために翻訳機の開発をしていきたいです。（188字）

修正ポイント

「言語コミュニケーション」の部分は、学部特性を生かしたものになっており評価できます。ただ、自分のしたいことがやや細かいものになっているうえに、②の部分で述べたこととズレが生じています。「翻訳機」にこだわっているような印象を受けますが、多様な人々がコミュニケーションを図るための手段として他のものを挙げてもよかったかもしれません。この志望理由書では、一貫性がない点と、挙げている事項が細かすぎる点で惜しかったです。

◇◇◇◇◇◇◇◇◇◇　OK案　◇◇◇◇◇◇◇◇◇◇

① これまでに力を入れたことを 200 字以内で書いてください。

○　　私は高校での課外活動として、近くの海の砂浜の清掃活動に継続的に参加してきました。砂浜の清掃活動には高校1年生の夏から長期休みや土日を中心に取り組んでいます。景観を守る大切さと、地元の有志など多くの方々と触れ合う機会の貴重さを感じています。この活動を通して、物事に地道に取り組むことで得られるものが数多くあることを体感しました。（163字）

② 本学を志望した理由を 200 字以内で書いてください。

　私は誰もがコミュニケーションをとれる手段を学べると考え、貴学を志望しました。私には、外国にルーツをもち日本語での意思疎通が苦手な友人がいます。社会のなかに意思疎通の点で困難を抱えている方々は数多くいると思います。そういった困難をなくすために、言語の点からコミュニケーションを見つめることができるのが貴学だと思い、志望いたしました。（165 字）

③ 本学で学びたいことを 200 字以内で書いてください。

　私は様々な外国語について、その成り立ちを研究し、それらに普遍的な原則がないか調べたいです。人間にとって必要不可欠な言語について学び、どのような普遍性があるのか、普遍性があるとすればそれはなぜ発生したのか知りたいです。それを研究することによって、誰もが言語を習得することを可能にする原理を見つけられるかもしれないと考えています。（163 字）

④ 本学卒業後、どのようなことをしたいか 200 字以内で書いてください。

　貴学を卒業後は、言語的なバックグラウンドを超えて誰もが自由に意思疎通ができる社会を構築したいです。たとえば、貴学で学んだ言語に関する知見をもとに、言語の普遍性や共通する点から言語習得のカギとなる要素を見つけ出し、それを実用化したいです。また、同時通訳機能をもつアプリケーションや、テキストを他言語に翻訳できるソフトの開発にも興味があります。こうした社会的にも課題になっていることを解決したいです。（198 字）

テーマのカギ

● 細かな事項にとらわれすぎず、自分をアピールしよう。

テーマ 13 法学部の志望理由書

 今回のテーマ 13 では法学部の志望理由書のサンプルを題材にして、どのように書くのが適切なのか考えていきます。

✕✕✕✕✕✕✕✕ **NG案** ✕✕✕✕✕✕✕✕

① これまでに力を入れたことを 200 字以内で書いてください。

✕ 　私は将来を見据え、多くの本を読み、それらの内容を吸収することに努めてきました。私は将来的には法哲学の分野に進んで研究に取り組みたいと考えています。そのため、マルクスやカント、ヘーゲル、デカルトなどの哲学の古典的な書物を読み解くようにしてきました。これらの内容は難解ですが、関連する解説書をあわせて読むなどして独力で解釈するようにしました。(169字)

修正ポイント

　将来を見据えて哲学書を多く読んできたという内容です。法学部では様々な論文を読むこともありますので、多くの本を読み、自分なりに研究してきたというのは素晴らしいことです。ただ、将来的に「法哲学」の分野に進んで研究したいために哲学書を読んだというのはやや引っかかるものがあります。法哲学とはこれまでの法の歴史や思想を踏まえて「法とは何か」、「なぜ法を守るか」といったことを考えることです。この受験生がやりたいことは法哲学ではなく、純粋な哲学なのではないかと思われる可能性があります。

② 本学を志望した理由を 200 字以内で書いてください。

✕ 　貴学には哲学を専門とする先生方が多く、私の学びたいことと合致していると考えたために志望しました。法哲学を学ぶにあたり、多くの考えに

触れることは重要なことだと思います。貴学では法学部の教養課程で哲学を学べます。また、他の学部の授業を横断的に受講できるプログラムも整備されています。そのため、幅広い分野にわたって法哲学を学べると考え、貴学を志望しました。(175字)

修正ポイント

　学びたいことが法哲学であることはわかりますが、法学部の教養課程や他学部の授業を受講したいという点は違和感を覚えます。大学での学びが本格的に始まるのは各学部の専門課程からです。専門課程になってようやく、各学部の専門的な内容を学ぶことになります。教養課程は専門課程の基礎に位置づけられるものです。また、他学部の授業は法学部とは関係の薄いものです。そのため、教養課程や他学部の授業で哲学を学べるからという理由は、法学部を志望する理由にはならないでしょう。

③ **本学で学びたいことを 200 字以内で書いてください。**

✕　貴学では法哲学を中心として学びたいと考えています。法哲学を学ぶことで、社会の規範である法を多様な視点から観察し考えることができると思います。特に私が関心をもっているのは「人間がルールに則って生きていかなければならないのはなぜか」という点です。これまでの読書を通じて、人間が一定の規範に基づき生活しなければならないことの根源には何があるのかと疑問に感じており、それを探究したいです。(190字)

修正ポイント

　志望理由書から大学での学びに多大な関心をもっていることがうかがえるのは大変良い点です。ただ、法哲学を軸にして考えているかは疑問が残ります。「人間がルールに則って生きていかなければならないのはなぜか」という点を探究したいとのことですが、これはどちらかといえば文学部などの哲学科に属するものではないでしょうか。「ルール＝法」なのは確かですが、法学部の志望理由書なので、より学部特性に合わせることも重要でしょう。

④ 本学卒業後、どのようなことをしたいか 200 字以内で書いてください。

✕　　学部を卒業したのちには、貴学の大学院に進学し、学びをより深めたいと考えています。私の関心の中心にある法哲学を専門的に学びたいです。法哲学は実社会に直接的には関係をもたないものですが、その思考法を学ぶことで社会に還元できることもあるのではないかと思います。貴学には法哲学を専門とする先生方がいらっしゃるので、その先生方に師事して多くのことを学びたいです。(176 字)

修正ポイント

　　法哲学は実社会に直接的に関係をもたないとしていますが、やや的外れです。法学は根本的に人間の生活に根差したものです。人間の生活の中で生まれたルールを体系化したものが「法」ですので、それを概念的に捉える法哲学も生活に基づくものだといえます。この点で、学びたいことについての調査が浅いと思われるでしょう。

◇◇◇◇◇◇◇◇◇◇　OK案　◇◇◇◇◇◇◇◇◇◇

① これまでに力を入れたことを 200 字以内で書いてください。

○　　私はこれまでに多くの本を読み、それらの内容を吸収することに努めてきました。私は将来的には法哲学の分野に進んで研究に取り組みたいと考えています。そのため、マルクスやカント、ヘーゲル、デカルトなどの哲学の古典的な書物を読み解くようにしてきました。哲学の様々なテーマのなかでも、「規範」に興味があります。これらの内容は難解ですが、関連する解説書をあわせて読むなどして独力で解釈するようにしました。(195 字)

② 本学を志望した理由を 200 字以内で書いてください。

　貴学には哲学を専門とする先生方が多く、特に法学部には法を多面的な視点から観察する先生が多くいらっしゃいます。そのことが私の学びたいことと合致していると考えたために志望しました。貴学では法学部の教養課程や他の学部の授業で横断的に哲学を学ぶことができます。そこで学んだことは法をなぜ守るのか、そもそも法とは何かといった法哲学を考えていくのに有用だと思います。そのため、貴学を志望しました。（192 字）

③ 本学で学びたいことを 200 字以内で書いてください。

　貴学では法哲学を中心として学びたいと考えています。法哲学を学ぶことで、社会の規範である法を多様な視点から観察し考えることができると思います。特に私が関心をもっているのは「人間がルールに則って生きていかなければならないのはなぜか」という点です。とりわけこれは法の形で表れます。人間が法に基づき生活しなければならないことの根源には何があるのか、それを探究したいです。（181 字）

④ 本学卒業後、どのようなことをしたいか 200 字以内で書いてください。

　学部を卒業したのちには、貴学の大学院に進学し、学びをより深めたいです。私の関心の中心にある法哲学を専門的に学びたいです。法哲学は、実社会で遵守すべき法の基盤として存在するものです。その思考法を学ぶことで社会に還元できることもあるのではないかと思います。貴学には法哲学を専門とする先生方がいらっしゃるので、その先生方に師事して多くのことを学びたいです。（175 字）

テーマのカギ
●志望学部と志望理由・将来像がずれないようにしよう。

テーマ **14** 経済学部の志望理由書

 今回のテーマ 14 では経済学部の志望理由書のサンプルを題材にして、どのように書くのが適切なのか考えていきます。

✕✕✕✕✕✕✕✕ **NG案** ✕✕✕✕✕✕✕✕✕

① これまでに力を入れたことを 200 字以内で書いてください。

✕ 　私は高校での探究活動に力を入れました。具体的には、自分たちが住む街のビジョンを考えるというものです。私はその探究活動を通じ、公務員となってこの街を支えたいと考えるようになりました。私が住む街は少子高齢化が他の都市よりも比較的早く進んでいます。その状況のなかでいかにすればこの街が良くなるかを考えました。結果としては詳細な解決策までは生まれませんでしたが、思考を深める機会になりました。（192 字）

修正ポイント

　探究活動に力を入れたということ自体は問題ありません。ただ、探究活動を通じ、公務員になりたいと思うようになったとの記述は、<u>自分の志望を無理にねじ込んでいる印象を受けます</u>。このあとの質問事項への回答でも「公務員」の言葉が出てくるのですが、<u>自分の将来像ありきで物事を考えているのではないかと読み手から思われる可能性があります</u>。問いは「力を入れたこと」なので、将来の希望は無理に入れなくてもよいでしょう。

② 本学を志望した理由を 200 字以内で書いてください。

✕ 　私は将来、公務員となって自分の住む街を支えたいと考えており、その基礎になることを学びたいと考えています。公務員は税金をはじめとして様々なお金の流れを把握し、その使い道を慎重に考える必要があります。

そのためにはミクロ経済学やマクロ経済学といった経済学を修めることが必要だと考えました。貴学では地域におけるフィールドワークで実践的なことが学べると知り、志望しました。(181字)

修正ポイント

公務員となって街を支えたいという意気込みはよくわかります。一方、お金の流れを把握する必要があるというのは、<u>やや自分の将来の志望とズレがあります</u>。行政職の公務員であれば、法律などの法令に基づいて職務を執行するのが基本です。税金をはじめとしたお金の使い道も重要ではありますが、お金の流れは職務の中心的なものからはやや外れます。また、大学の志望理由で「フィールドワーク」について触れているにとどまっているため、理由としては弱く感じられます。

---

③ 本学で学びたいことを200字以内で書いてください。

× 私はミクロ経済学・マクロ経済学について学びたいと考えています。先述の通り、私は街を良くすることに携わりたいという思いをもっています。街を良くするためにはまず資金が必要です。お金が社会でどのような役割を果たしているのかを知りたいです。社会におけるお金の働きを知ることで、実生活や社会の様々な場面でお金を有用に使うことが可能になると考えます。(169字)

修正ポイント

学びたいこととして「ミクロ経済学・マクロ経済学」を挙げていますが、<u>学問分野としては範囲が広すぎます</u>。そもそもミクロ経済学とマクロ経済学だけで経済学のかなりの範囲をカバーするので、今回の書き方のままだと本当に経済学について調べたのかが疑問に思われてしまうでしょう。公務員を目指す者として経済学を考えたいのであれば、もう少し範囲を限定したほうが得策です。

④ 本学卒業後、どのようなことをしたいか200字以内で書いてください。

✕　私は高校での探究活動を通して、公務員として街に貢献したいと考える
ようになりました。貴学卒業後は地元の自治体で公務員として働きたいで
す。私の住む自治体では人口減少が大きな課題になっています。人口減少
に対して何ができるかを考え、効果的な対策を行いたいです。人口減少を
食い止めることで、人口減少対策のモデル都市になることができると考え
ます。（167字）

修正ポイント

　まず「公務員」と一口に言っても多様な種類があることに気を付けま
しょう。たとえば行政職もあれば学校事務職、警察官や刑務官もありま
す。今回の志望理由書だけだと、公務員を漠然とイメージしている印象
を受けます。具体的にどのような種類の公務員として働きたいのかを明
示したほうが良いでしょう。また、やりたいことに経済学に関すること
が書かれていないのも気にかかります。②・③で経済について触れてい
ますから、今回の④の項目でも経済のことに触れておくべきでしょう。

◇◇◇◇◇◇◇◇◇◇　OK案　◇◇◇◇◇◇◇◇◇◇

① これまでに力を入れたことを200字以内で書いてください。

　私は高校での探究活動に力を入れました。具体的には、自分たちが住む
街のビジョンを考えるものです。私は探究活動を通じ、将来的に街を支え
る職業につきたいと考えるようになりました。私が住む街は少子高齢化が
他の都市よりも比較的早く進んでいます。その状況のなかでいかにすれば
この街が良くなるかを考えました。結果としては詳細な解決策までは生ま
れませんでしたが、思考を深める機会になりました。（188字）

② 本学を志望した理由を 200 字以内で書いてください。

　貴学では経済学を専門的に学べるとともに、地域におけるフィールドワークで実践的な知識を獲得できると考え、志望しました。私は将来、公務員となって自分の住む街を支えたいと考えており、その基礎を学びたいと考えています。公務員は様々なお金の流れや経済状況を把握し、予算をどのように執行するのかを慎重に考える必要があります。そのためには貴学で経済学を修めることが必要だと考えました。（185 字）

③ 本学で学びたいことを 200 字以内で書いてください。

　私はミクロ経済学・マクロ経済学を基礎としつつ、地域経済の活性化について学びたいと考えています。先述の通り、私は街を良くすることに携わりたいという思いをもっています。街を良くするためにはまず経済の活性化が必要です。お金が社会でどのような役割を果たしているのかを知りたいです。社会におけるお金の働きを知ることで、実生活や社会の様々な場面を経済の視点から見ることが可能になると考えます。（190 字）

④ 本学卒業後、どのようなことをしたいか 200 字以内で書いてください。

　私は高校での探究活動をきっかけに、公務員として街の行政に携わりたいと考えるようになりました。貴学卒業後は地元の自治体で働きたいです。私の住む自治体では人口減少が大きな課題になっています。人口減少に対して何ができるかを考え、経済的に効果的な対策を行いたいです。人口減少を解消することで、人口減少対策のモデル都市になることができると考えます。（169 字）

テーマのカギ

● 自分の志望学部と将来像が一致するようにしよう。

テーマ 15　商学部の志望理由書

　今回のテーマ 15 では商学部の志望理由書のサンプルを題材にして、どのように書くのが適切なのか考えていきます。

✕✕✕✕✕✕✕✕　NG案　✕✕✕✕✕✕✕✕

① これまでに力を入れたことを 200 字以内で書いてください。

✕　私は高校の文化祭でフリーマーケットを実施することに力を入れました。これまでの文化祭ではフリーマーケットはなく、新たな取り組みだっため、様々なことが試行錯誤の連続でした。商品となるものをどのように集めるかということや、文化祭当日の人員配置などの運営方法、そしてお金の管理をどうするかといったことについて仲間と話し合いを重ねました。これにより、無事にフリーマーケットを実施することができました。（196字）

修正ポイント

　フリーマーケットを実施することに注力したとのことですが、「試行錯誤」の詳しい内容についてはあえてあいまいに書いたほうが、面接官としては詳細を聞きたいと感じるでしょう。このような「フック」を仕掛けると、面接を自分のペースで進めることができます。

② 本学を志望した理由を 200 字以内で書いてください。

✕　私は社会でお金がどのように流れているのかという点に興味があり、それが学べると考えて貴学を志望しました。お金は社会の潤滑油であるという言葉を聞いたことがあります。それがどういった意味なのか、現実社会でのお金の使われ方を考えるなかで学んでいきたいです。貴学では経済全体について学べる環境が整っており、お金について詳しく知ることができ

| るると考え、志望いたしました。（178字）

修正ポイント

「お金の流れについて知りたい」とのことですが、この志望動機はどちらかといえば経済学部のほうに寄っているのではないでしょうか。そもそも商学部では、経済のなかでも企業活動、すなわち「商い」に焦点を当てて学びます。経済全体について知りたいため商学部を志望するというのは理由として成立しなくなってしまうため、その点を修正しましょう。

③ 本学で学びたいことを200字以内で書いてください。

✕ 　貴学では社会の動きを「お金」という観点から考察するような学びをしていきたいです。社会生活を営むうえでお金は必要不可欠なものです。お金がどのように社会で使われ、社会全体に貢献しているかを知りたいです。そうすることで、社会をお金という観点で考えることが可能となり、自分の視野が広がるのではないかと考えております。（154字）

修正ポイント

　社会を「お金」の観点から考察するのは、②と同様に「経済学」のカバーする範囲です。この志望理由書を見た限りでは、「経済学」と「商学」を混同して考えてしまっているように思われてしまうでしょう。経済学と商学とを区別していないのは、大学や学部で学ぶことをよく調べていないと判断される可能性があり、高い評価にはつながらないでしょう。自分が学びたいことの精査が必要です。

④ 本学卒業後、どのようなことをしたいか200字以内で書いてください。

✕ 　私は両親が会社の経営をしているため、その会社で働き、社員の方々や顧客の皆様に貢献していきたいです。両親の経営する会社は日用品を販売する会社ですが、その商品を買った人から感謝の言葉が届けられるのがや

りがいだと聞いております。私も、自身が提供した商品が誰かを喜ばせることを通じて社会に貢献していきたいと考えております。会社で働く際に、貴学で学んだことも生かせると思っております。（187字）

修正ポイント

内容としては大きな問題はないものになっています。両親の会社で働きたいとのことであり、やりがいを知ったうえで会社に貢献したいというのは問題ありません。ただ、最後の文で、「貴学で学んだことも生かせる」としていますが、できればもう少し具体化して書きたいところです。具体化して書ければ、読み手にとってよりイメージしやすくなるでしょう。

◇◇◇◇◇◇◇◇◇ OK案 ◇◇◇◇◇◇◇◇◇

① これまでに力を入れたことを 200 字以内で書いてください。

私は高校の文化祭でフリーマーケットを実施することに力を入れました。これまでの文化祭ではフリーマーケットはなく、新たな取り組みだったため、様々なことが試行錯誤の連続でした。今までやったことのないことに挑戦するため、どのようにすればうまくフリーマーケットを運営できるかについて毎日仲間と話し合いました。時には仲違いをすることもありましたが、これにより、無事にフリーマーケットを実施することができました。（199字）

② 本学を志望した理由を 200 字以内で書いてください。

私は社会でお金がどのように流れているのかという点に興味があり、それが学べると考えて貴学を志望しました。お金は社会の潤滑油であるという言葉を聞いたことがあります。それがどういった意味なのか、現実社会でのお金の使われ方を考えるなかで学んでいきたいです。特に貴学では企業の資金調達について学べる環境が整っており、将来的に企業経営に携わ

りたいと考える私にとって最適だと考え志望いたしました。（191字）

③ 本学で学びたいことを200字以内で書いてください。

　貴学では社会の動きを「お金」、特に企業がどのように資金を獲得し活用するかという観点から考察していきたいです。社会生活を営むうえでお金は必要不可欠なものです。企業で使われるお金はいずれは社会に還元されます。お金がどのように社会で使われ、社会全体に貢献しているかを知りたいです。そうすることで、自分の視野が広がるのではないかと考えております。（169字）

④ 本学卒業後、どのようなことをしたいか200字以内で書いてください。

　私は両親が会社の経営をしているため、その会社で働き、社員の方々や顧客の皆様に貢献していきたいです。両親の経営する会社は日用品を販売する会社ですが、やりがいは大変大きいと聞いております。私も、自身が提供した商品が誰かを喜ばせることを通じて社会に貢献していきたいと考えております。会社で働く際に、貴学で学んだ企業の資金調達に関わることも生かせると思っております。（179字）

テーマのカギ
- 学部ごとに学ぶことを整理しておこう。

テーマ 16 医学部の志望理由書

 今回のテーマ 16 では医学部の志望理由書のサンプルを題材にして、どのように書くのが適切なのか考えていきます。

✕✕✕✕✕✕✕✕ NG案 ✕✕✕✕✕✕✕✕

① これまでに力を入れたことを 200 字以内で書いてください。

✕ 　私は中学校から高校に至るまで、学校の物理部の活動として流体力学の研究にいそしんできました。物理部を選んだ理由は、世界にある物体がどのような原理で動いているかに興味があったからです。また、将来的に医師になることを目指していたため、医師としての研究活動に生かせると考えて流体力学に力を入れて研究してきました。（152 字）

修正ポイント

　中学校から高校まで、研究活動に努めてきたのは評価できる点です。医師となるにはたゆまぬ努力が必要ですから、それに適合した素質をもっているとわかる志望理由書になっています。修正点としては、「流体力学」がどのような点で医師としての研究活動に生かせると思ったのかを書けるとなおよかったでしょう。

② 本学を志望した理由を 200 字以内で書いてください。

✕ 　私は小学校の頃から医師という職業に憧れていました。医師を目指すようになったのは、開業医として働く父の存在がきっかけでした。父は連日ハードワークをしていましたが、患者さんに対しては常に笑顔で接していました。患者さんのことを第一に考えて職務にあたる父のようになりたいと考え、医師になりたいと強く思うようになりました。（156 字）

修正ポイント

医師になりたいという思いは強く伝わってくる志望理由書です。しかし、肝心の「本学を志望した理由」にはなっていないことが残念です。この志望理由書で書かれているのは「医師になりたい理由」であり、志望大学として選んだ必然性が見られないものになっています。医学部を志望することは医師になることを基本的に前提としているので、「医師になりたい」ことを伝えても面接官には響きにくいでしょう。その大学を志望する必然性を訴えたいところです。

③ 本学で学びたいことを 200 字以内で書いてください。

✕　貴学では最先端の医療に関する知識を学びたいです。貴学は心臓の疾患に関する研究施設が充実しています。私は将来的に外科医になることを目指しています。外科医を目指すにあたり、心臓の仕組みに関係する知識は当然のことですが、心臓の手術をする際の技術も学びたいと考えております。また、貴学の附属病院における実習を通して、様々な患者さんへのケアの仕方を学びたいです。(176字)

修正ポイント

内容としては具体的で適切ですが、やや話題が散らばってしまっている印象があります。たとえば「心臓の疾患に関する研究施設が充実している」ことについては、②の志望理由に入れたほうが一貫性が出てよりよくなると思われます。ひとつの項目にあまり多くの事項を入れることなく、各項目に分散させ、バランスを保ったほうが良いでしょう。

④ 本学卒業後、どのようなことをしたいか 200 字以内で書いてください。

✕　私は貴学卒業後、心臓外科医として医療に従事したいと考えております。心臓外科医には、医学的な知識はもとより、手術をするために高度な技術

が必要とされます。貴学の最先端の研究施設で研鑽（けんさん）を積むことにより、知識及び技術を習得したいと考えます。また、医師になってからも学ぶことをやめず、日々進歩する医療について吸収していきたいと考えております。（166字）

○○○○○○○○○○○○○ ＯＫ案 ○○○○○○○○○○○○○

① これまでに力を入れたことを200字以内で書いてください。

　私は中学校から高校に至るまで、学校の物理部の活動として流体力学の研究にいそしんできました。物理部を選んだ理由は、世界にある物体がどのような原理で動いているかに興味があったからです。また、流体力学は、人体の血管にも応用できるものです。将来的に医師になることを目指していたため、医師としての研究活動に生かせると考えて流体力学に力を入れて研究してきました。（175字）

② 本学を志望した理由を200字以内で書いてください。

　私は小学校の頃から医師という職業に憧れていました。開業医として働く父の存在が医師を目指すきっかけでした。父は連日ハードワークをしていましたが、患者さんに対しては常に笑顔で接していました。患者さんのことを第一に考えて職務にあたる父のようになりたいです。医師としての知識を基本に、心臓の疾患に関する研究施設が充実している環境で学ぶことができるため、貴学を志望いたしました。（184字）

③ 本学で学びたいことを 200 字以内で書いてください。

　貴学では最先端の医療に関する知識を学びたいです。私は将来的に外科医になることを目指しています。外科医を目指すにあたり、心臓の仕組みに関係する知識は当然のことですが、心臓の手術をする際の技術も学びたいと考えております。また、医療は手術をするだけで終わるものではないと思っています。貴学の附属病院における実習を通して、様々な患者さんへのケアの仕方を学びたいです。(179 字)

④ 本学卒業後、どのようなことをしたいか 200 字以内で書いてください。

　私は貴学卒業後、心臓外科医として医療に従事したいと考えております。心臓外科医には、医学的な知識はもとより、手術をするために高度な技術が必要とされます。日本では心臓の疾患が原因で亡くなる方が多くいるため、そのような方々を一人でも多く救いたいです。また、医師になってからも学ぶことをやめず、日々進歩する医療について吸収していきたいと考えております。(172 字)

テーマのカギ

●その大学である必然性を強調しよう。

テーマ 17　歯学部の志望理由書

 　今回のテーマ 17 では歯学部の志望理由書のサンプルを題材にして、どのように書くのが適切なのか考えていきます。

✕✕✕✕✕✕✕✕　**NG案**　✕✕✕✕✕✕✕✕

---

① これまでに力を入れたことを 200 字以内で書いてください。

✕　　私は高校の生徒会活動に積極的に取り組みました。生徒会活動では、周囲の友人から薦められて、広報委員長を務めました。広報委員長として取り組んだことは、主に学内誌の発行です。学内誌では様々な事柄について取り上げ、それを読む生徒にとって有用なものになるよう心がけました。取り上げる内容が思いつかないときには友人に相談して適宜決めていきました。（167 字）

　　修正ポイント

「周囲の友人から薦められて」「内容が思いつかないときには友人に相談」といった表現が見られます。確かにそれは事実なのだと思われますが、<u>読む側としては、生徒会活動に取り組むうえで主体性がないように感じられてしまいます</u>。歯学部の学部特性を考えても、自分の意志で勉学に取り組むという姿勢が必要なので、<u>主体的に何かを行ったという部分がほしいところです</u>。

---

② 本学を志望した理由を 200 字以内で書いてください。

✕　　私は口腔外科に興味があり、将来的には大学病院の口腔外科に勤務したいと考えております。貴学では医学部に口腔外科が設置されています。その口腔外科では腫瘍の摘出を含めた身体全体にわたる治療が行われています。医師との協働のもと、歯科医師として患者さんの治療を行い、病気を

乗り越え、日常生活に少しでも早く戻る手助けをしたいと考えております。（165字）

修正ポイント

　口腔外科に興味があるとのことですが、そのように考える理由を書くと、よりわかりやすくなるでしょう。<u>志望理由書では自身の意思決定のきっかけや理由を踏まえて書くことにより、その大学を志望する理由が明確に伝わります。</u>

---

③ 本学で学びたいことを 200 字以内で書いてください。

✕　貴学では、歯科医療にまつわる様々なことを学びたいです。歯科といっても、医学と同様に生理学や解剖学など、人体に関する基本的な事項は習得する必要があります。それら基礎的な事項の上に、専門的な知見を蓄積することができると考えます。応用的な事柄は、基礎事項の組み合わせであるとこれまで学んできました。そのため、貴学歯学部に入学したらすぐに勉学に励みたいです。（175字）

修正ポイント

　この志望理由書では「生理学や解剖学」といった基本的な事項を習得したいとしています。それ自体は間違いではないのですが、面接官が聞きたいのは、<u>歯科医師を目指す者として何を中心に学びたいかということです。</u>将来的に自分がどうありたいのかを、学ぶ内容も含めつつ書くことができれば、このあとの④の内容ともつながって一貫性のある志望理由書となったでしょう。

---

④ 本学卒業後、どのようなことをしたいか 200 字以内で書いてください。

✕　私は貴学卒業後、貴学口腔外科で経験を積んだのちに、歯科医師として開業したいと考えております。私の出身地ではすでに多くの歯科医が開業

していますが、それらに負けないような歯科医師として活躍したいです。他の歯科医と競争するにあたっては、患者さんを第一に考えた歯科医療を提供することが重要です。たとえば、治療に伴う痛みなどの苦痛をなるべく少なくすることで、快適に治療を受けられるようにしていきたいです。（197字）

修正ポイント

歯科医師として開業したいというのはよくわかりますが、「他の歯科医に負けないように」という点がひっかかります。確かにそれも生活していくうえでは重要なことではありますが、本来歯科医師が第一に考えるべきことは患者の治療に専念することです。この志望理由書では、自分の生活を保つことを前面に押し出していることで、自分本位のものになってしまっています。

◇◇◇◇◇◇◇◇◇ **OK案** ◇◇◇◇◇◇◇◇◇

① これまでに力を入れたことを200字以内で書いてください。

　私は高校の生徒会活動に積極的に取り組みました。生徒会活動では、周囲の友人の助言を参考にしつつ、広報委員長になりました。広報委員長として取り組んだことは、主に学内誌の発行です。学内誌では様々な事柄について取り上げ、それを読む生徒にとって有用なものになるよう心がけました。取り上げる内容が思いつかないときには読者が読みたいものを基準に適宜決めていきました。（176字）

② 本学を志望した理由を200字以内で書いてください。

　私は口腔外科に興味があり、将来的には大学病院の口腔外科で経験を積みたいです。理由は、歯科医師としての知見をもちつつ、体全体を診る医師と協働することで、患者さんのためになる治療ができると考えるからです。貴学では口腔外科が設置され、腫瘍の摘出を含めた身体全体にわたる

治療が行われています。医師との協働のもと、歯科医師として患者さんの治療を行い、日常生活に少しでも早く戻る手助けをしたいと考えております。（199字）

---

③ 本学で学びたいことを200字以内で書いてください。

○　貴学では、歯科医療を身体全体という観点から治療できるように学びを深めたいです。医学部と同様に生理学や解剖学など、人体に関する基本的な事項は習得したうえで、歯科医としての専門的な知見を蓄積したいです。特に糖尿病などの基礎疾患を抱えた患者さんへの負担の少ない治療ができるように、貴学の最新の機材を用いて口腔内を治療する技術を学びたいです。（165字）

---

④ 本学卒業後、どのようなことをしたいか200字以内で書いてください。

○　私は貴学卒業後、貴学口腔外科で経験を積んだのちに、歯科医師として開業したいと考えております。私の出身地で、快適で最適な治療を患者さんに提供できる歯科医師として活躍したいです。たとえば、治療に伴う痛みなどの苦痛をなるべく少なくすることで、快適に治療を受けられるようにしていきたいです。また、口腔外科で経験したことを糧にして、身体全体のバランスを考えた治療をしたいです。（183字）

テーマのカギ
● 歯科医師になりたいのはなぜなのか、独自性を出そう。

テーマ 18　薬学部の志望理由書

　今回のテーマ 18 では薬学部の志望理由書のサンプルを題材にして、どのように書くのが適切なのか考えていきます。

✕✕✕✕✕✕✕✕　**ＮＧ案**　✕✕✕✕✕✕✕✕

① これまでに力を入れたことを 200 字以内で書いてください。

✕　　私はこれまで何かに力を入れたという経験は特にはありませんが、それでも誰かの役に立ちたいという思いはずっともち続けていました。私は家族や友人のために何か手伝いができて、それを感謝してもらえたときに喜びを感じてきました。人の気持ちを察しながら、周囲にいる人たちのために尽力するのが得意なので、今後もその特徴を生かしていきたいと考えております。(169 字)

　修正ポイント

「何かに力を入れたという経験は特にない」という内容ですが、これは好ましくありません。質問されていることに答えていないからです。もちろん、「力を入れたこと」がすぐには出てこないことはあるかと思いますが、小さなことでも構わないので何か書くようにしましょう。今回の場合は、周りの人たちの手助けをしてきたという内容をふくらませたほうが良いのではないでしょうか。

② 本学を志望した理由を 200 字以内で書いてください。

✕　　私は将来的に薬剤師になりたいと思い、貴学を志望しました。貴学では薬剤師になるために必要な知識を十分に学ぶことができると考えています。薬剤師に必要なのは、基礎的な科学的リテラシーと、それに基づいた専門知識です。特に、薬を処方するにあたり、患者さんによってどのようなこ

とに注意すべきかを知っておきたいと考えます。(154字)

修正ポイント

全体として具体性のない志望理由になっています。薬剤師になるために薬学部に入るのは実質的に当然のことなので、「薬剤師になりたいので貴学に入りたい」という志望理由は成り立ちません。志望する大学のことをよく調べることが重要です。そのうえで、<u>自分がなりたいと考える理想の薬剤師の像を想定し、それに志望大学が適していることを示すと良い</u>でしょう。

③ 本学で学びたいことを 200 字以内で書いてください。

✕　貴学では、薬剤師になるにあたって必要な知識を習得したいです。薬を処方するにあたって、処方する患者さんによって気を付けることが異なってくると思います。薬剤師の使命は適正な種類の薬剤を適切な量で患者さんに提供することです。この使命を達成するために、貴学では現状においてどういった薬があるのか、それが体内でどのような役割を果たすのかを知りたいです。(171字)

修正ポイント

全体として一般論にとどまっているのが惜しいところです。また、薬剤師になるにあたり必要な知識を得るのは薬学部では当然のことですから、そのなかでも何を学びたいのかを書いたほうが良いでしょう。この分野について特に学びたい、といったことが書ければ、積極性が見える志望理由書になると思われます。

④ 本学卒業後、どのようなことをしたいか 200 字以内で書いてください。

✕　私は貴学卒業後、薬剤師の国家試験を受け、薬剤師になりたいと思っております。薬剤師になるための勉強はとても大変だと聞きますが、それを

乗り越えることによって、より精神的に成長したいです。勉強していくなかでつらいことがあっても、同じ試験を受験する仲間とともに切磋琢磨し、試験を乗り越えたいと思います。薬剤師になったあとは、患者さんのことをよく考えて行動に移せる存在になりたいと考えております。(193字)

修正ポイント

卒業後にしたいことが「薬剤師の国家試験に向けて努力する」という内容になっています。確かに国家試験に向けて勉強することは重要です。ただ、国家試験を受けるのは当然のことでもありますので、より将来のことを見据えたことを書きたいところです。「患者さんのことをよく考えて行動に移せる存在になりたい」とありますので、それをより深掘りした内容にするのが良いでしょう。

◇◇◇◇◇◇◇◇◇ ＯＫ案 ◇◇◇◇◇◇◇◇◇

① これまでに力を入れたことを200字以内で書いてください。

私はこれまで、誰かの役に立ちたいという思いをずっともち続けており、それを実行に移してきました。私は家族や友人、困っている人のために何か手伝いができて、それを感謝してもらえたときに喜びを感じます。家事の手伝いはもとより、駅などで知らない人でも支援が必要な人の役に立つようにしました。人の気持ちを察しながら、周囲にいる人たちのために尽力するのが得意なので、今後もその特徴を生かしていきたいです。(195字)

② 本学を志望した理由を200字以内で書いてください。

私は将来的に薬剤師になりたいと思い、貴学を志望しました。薬を処方するにあたり、患者さんによってどのようなことに注意すべきか、細やかな配慮ができるようになりたいと思っています。その点において、貴学では薬剤師になるために必要な知識に加え、実習プログラムを通して多様な症例を学ぶことができます。このプログラムに主体的に参加し、薬剤師と

して必要な人間性を養いたいです。(180 字)

---

③ 本学で学びたいことを 200 字以内で書いてください。

　貴学では、薬剤師になるにあたって必要な知識とともに、特に患者さんの話を傾聴するための技法を学びたいです。薬を処方するにあたって、処方する患者さんによって気を付けることが異なってくると思います。薬剤師の使命は、その薬を必要とする患者さんに提供するとともに、かすかな変化にも気が付いて対処することだと考えます。そのために、傾聴することを重点的に学びたいです。(177 字)

---

④ 本学卒業後、どのようなことをしたいか 200 字以内で書いてください。

　私は貴学卒業後、薬剤師になり、患者さんのことをよく考えて行動に移せる存在になりたいと考えております。私は他者の話を注意深く聞いたり、周りの人の様子を観察したりして、その人に必要な支援をすることが得意なので、それを生かしていきたいです。患者さんによって性格や生活様式は異なりますので、それも把握したうえで、薬を適切に服用できるように支援していきます。(174 字)

テーマのカギ

●どのような経験も、深掘りすれば自分の武器になる。

テーマ 19　看護学部の志望理由書

　今回のテーマ 19 では看護学部の志望理由書のサンプルを題材にして、どのように書くのが適切なのか考えていきます。

×××××××× ＮＧ案 ××××××××

① これまでに力を入れたことを 200 字以内で書いてください。

✕　私はこれまでに小学生の子どもたちに勉強を教えるボランティアに取り組んできました。ボランティアの活動では、まだ読み書きがおぼつかない子どもや、計算がうまくできない子どもたちと接することが多くありました。また、先輩のボランティアの方からはどのようなことに注意すればよいのか教えてもらいました。この活動を通して子どもたちとのつながりや、普段触れ合うことのない仲間との接点をもつことができました。(194 字)

修正ポイント

　力を入れてきた体験としては素晴らしいものになっています。看護学部志望という観点から見ても、学部特性に合った経験であり、面接でも話しやすいのではないでしょうか。ただ、経験したことをとりとめもなく書いた印象を受けるのが残念です。「なぜボランティアに参加しようと思ったのか」や「ボランティアから学んだことは具体的にどのようなことか」といったことにも触れるとより良いと思われます。

② 本学を志望した理由を 200 字以内で書いてください。

✕　私は幼い頃から看護師になりたいと考えていました。というのも、小学校に入る前に病気になって入院した際に、担当の看護師の方からとても優しく接してもらったことが印象に残っていたからです。また、志望校を決定するにあたり、貴学のオープンキャンパスに参加した時に、在校生の

方々が親身になって相談に乗ってくださり、こういう先輩たちの通っている大学で私も学びたいと感じました。以上の理由から貴学を志望しました。（197字）

修正ポイント

　看護師を目指すきっかけから始め、オープンキャンパスが志望校決定の決め手になったという流れは問題ありません。ただ、自身が経験したことがメインになっている点が気になります。大学独自の要素にひかれたというより、先輩の学生たちがいい人だったという理由で志望校を決定したような印象を受けます。志望する大学の特徴を織り交ぜたほうが良いでしょう。

③ 本学で学びたいことを 200 字以内で書いてください。

✕　貴学では児童心理について集中して学びたいと考えております。私がボランティアに参加した時に強く感じたのは、それぞれの子どもたちによって個性や成長の仕方が異なるということです。私が経験してきた学校現場では、画一的な教え方しかされませんでした。これからは個々の子どもたちに合わせ、寄り添う看護が必要だと考えます。そのため、子どもたちの心がどのような過程で成長するのか学びたいです。（187字）

修正ポイント

　経験をもとにして、学びたいことが明確にあることは非常に良い点です。志望理由書そのものに具体性をもたせることができています。一方で、経験を重視するがゆえに、看護学部で学ぶべき一般的なことに言及されていないのが気にかかります。看護師には広い分野の知識と技能が必要とされますので、その点にも触れたらなおよかったでしょう。具体と抽象のバランスをもたせましょう。

④ 本学卒業後、どのようなことをしたいか 200 字以内で書いてください。

✕ 　貴学卒業後は、私が看護師を目指すきっかけとなった看護師の方のようになって医療に従事したいと考えます。その看護師の方は、一人で入院して寂しい思いをしていた私の心情を理解し、折に触れて話しかけてくれました。それで幼い頃の私は心強く感じたのを覚えています。その看護師の方のように、患者さんが落ち着ける環境を整えられるような看護師になりたいです。（169字）

修正ポイント

　この項目では、自身が目標とする看護師の方のことに触れ、自分もそのような看護師になりたいと書かれています。確かに理想像をもつことは重要です。ただし、面接官の立場からすれば、あなたが言及している看護師の方を直接知らないため、共感はしづらいように思われます。もう少し客観的な将来像を描いても良いでしょう。

◇◇◇◇◇◇◇◇◇ 　OK案　 ◇◇◇◇◇◇◇◇◇

① これまでに力を入れたことを 200 字以内で書いてください。

○ 　私は小学生の子どもたちに勉強を教えるボランティアに取り組みました。自分が子どもたちに何かできることはないかとの思いから始めたボランティアの活動では、まだ読み書きがおぼつかない子どもや、計算がうまくできない子どもたちと接することが多くありました。また、先輩のボランティアの方からはどのようなことに注意すればよいのか教えてもらいました。この活動を通して子どもたちの目線に立つことを学びました。（194字）

② 本学を志望した理由を 200 字以内で書いてください。

　私は幼い頃から看護師になりたいと考えていました。というのも、小学校に入る前に病気になって入院した際に、担当の看護師の方からとても優しく接してもらったことが印象に残っていたからです。また、貴学のオープンキャンパスに参加した時に、先生方、事務局の方々、在校生の皆さんの誰もが親身になって相談に乗ってくれました。相談できる環境をもつこの大学なら楽しく学べると考え志望しました。（185字）

③ 本学で学びたいことを 200 字以内で書いてください。

　貴学では児童心理について集中して学びたいと考えております。私がボランティアに参加した時に強く感じたのは、それぞれの子どもたちによって個性や成長の仕方が異なるということです。これからは個々の子どもたちに合わせ、寄り添う看護が必要だと考えます。もちろん、看護師には多様な年齢の患者さんと接するための知見が必要ですが、そのなかでも子どもたちの心がどのような過程で成長するのか学びたいです。（191字）

④ 本学卒業後、どのようなことをしたいか 200 字以内で書いてください。

　貴学卒業後は、私が看護師を目指すきっかけとなった看護師の方のようになって医療に従事したいと考えます。その看護師の方は、一人で入院して寂しい思いをしていた私の心情を理解し、折に触れて話しかけてくれました。それで幼い頃の私は心強く感じたのを覚えています。そのような、患者さんが落ち着ける環境を整え、誰もが安心して治療を受けられるよう配慮できる看護師になりたいです。（180字）

╭─ テーマのカギ ─╮
●経験と一般論のバランスをとるようにしよう。

テーマ 20　芸術学部の志望理由書

今回のテーマ 20 では芸術学部の志望理由書のサンプルを題材にして、どのように書くのが適切なのか考えていきます。

✕✕✕✕✕✕✕✕✕　**ＮＧ案**　✕✕✕✕✕✕✕✕✕

① これまでに力を入れたことを 200 字以内で書いてください。

✕　　私はこれまでに高校の美術部での活動に力を入れました。美術部では、学校の文化祭での展示や、全国規模の絵画コンクールに注力しました。また、美術部での活動以外にも、地域の美術館で行われたクリエイティブコンテストに参加するなど、多様な活動に取り組むようにしてきました。これらの活動から、自分の絵が他者からどのように評価されるかを知り、絵画に取り組む他の人々の視点を取り入れることができるようになりました。(198 字)

修正ポイント

　　書き方としては美術部での活動がメインのようですが、地域の美術館でのイベントにも参加したことが書いてあります。両方書くことには問題はありませんが、多様な活動に参加してきたことを冒頭に書いたほうが良いでしょう。また、「クリエイティブコンテスト」という固有名詞は読み手には伝わりづらいので、書き方を一般的なものに変えたほうがベターです。

② 本学を志望した理由を 200 字以内で書いてください。

✕　　貴学には油絵を専門とする先生方が多く在籍しています。私も絵画のなかでは油絵をメインとして制作しており、将来的にもそれを生かした仕事につきたいと思っています。また、貴学には多様な専攻の学生がいて、そ

の学生の皆さんから多大な影響を受けることができると考えます。それに刺激を受け、私の絵画もより洗練されたものになると感じ、貴学を志望しました。(168字)

修正ポイント

ここでも、<u>油絵を専門とする先生方がいるから志望したのか、それとも多様な専攻の学生がいるから志望したのか</u>がわかりづらいものになっています。たとえば、専門的な部分については先生方の指導を仰ぎ、そのうえで他の学生から刺激を受けるといった書き方にしてはどうでしょうか。

③ 本学で学びたいことを 200 字以内で書いてください。

× 　貴学では、絵画のなかでも油絵を中心に学びたいと考えております。油絵には様々な技法がありますが、その基礎はそれほど変わらないとこれまでの経験から感じてきました。まずは表現技法や色彩、また他の作品を鑑賞することで、基礎をしっかりと固めていきたいと思います。基礎を盤石（ばんじゃく）なものにしたのちに、さらに発展的な内容を学んでいきたいです。(161字)

修正ポイント

芸術においても基礎が重要なのは言うまでもありませんが、この志望理由書では、基礎的な知識・技法を獲得することに終始してしまっている印象を受けます。<u>大学は基礎はもちろんのこと、より専門的な事項を学び、実践する場です</u>。したがって、基礎だけにこだわることなく、他の発展事項も具体的に書いたほうが良いでしょう。

④ 本学卒業後、どのようなことをしたいか 200 字以内で書いてください。

× 　私は貴学卒業後、美術館のキュレーターとして働きたいと考えております。そのためには、現在取り組んでいる油絵だけではなく、美学の知識な

ども必要になると思っています。そのため、貴学で最大限多くのことを学んだうえで、美術館で働けるような人材になりたいです。個人の画家として活動したい気持ちもありますが、それは趣味にとどめておきたいと考えています。（169字）

修正ポイント

　美術館のキュレーターになりたいという進路希望は、芸術系の学部の学生であれば妥当なものです。また、絵画を専門としている受験生としても妥当な選択肢といえるでしょう。ただ、現実を見据えていることはわかるのですが、個人の画家としての活動は趣味にとどめるといった趣旨の記述は、積極性の面ではややマイナス評価に働きますので、書かないほうが良いでしょう。

◇◇◇◇◇◇◇◇◇◇　**OK案**　◇◇◇◇◇◇◇◇◇◇

① これまでに力を入れたことを200字以内で書いてください。

　私はこれまでに高校の美術部での活動、及び学外での活動に力を入れました。美術部では、学校の文化祭での展示や、全国規模の絵画コンクールに注力しました。また、美術部での活動以外にも、地域の美術館の創作イベントに参加するなど、多様な活動に取り組むようにしてきました。これらの活動から、自分の絵が他者からどのように評価されるかを知り、絵画に取り組む他の人々の視点を取り入れることができるようになりました。（197字）

② 本学を志望した理由を200字以内で書いてください。

　貴学には、私の制作活動のメインである油絵を専門とする先生方が多く在籍しています。将来的にもそれを生かした仕事につきたいと思っているので、専門的な知見を先生方から学びたいです。また、貴学には多様な専攻の学生がいて、その学生の皆さんから多大な影響を受けることができる

と考えます。それに刺激を受け、私の絵画もより洗練されたものになると
感じ、貴学を志望しました。(177字)

---

③ **本学で学びたいことを 200 字以内で書いてください。**

貴学では、絵画のなかでも油絵を中心に学びたいと考えております。油
絵には様々な技法がありますが、その基礎はあまり変わらないとこれまで
の経験から感じてきました。まずは表現技法や色彩、また他の作品を鑑賞
することで、基礎をしっかりと固めていきたいと思います。基礎を盤石な
ものにしたのちに、さらに発展的な内容を学んでいきたいです。特に、
ヨーロッパを中心とした美術について学びたいです。(187字)

---

④ **本学卒業後、どのようなことをしたいか 200 字以内で書いてください。**

私は貴学卒業後、美術館のキュレーターとして働きたいと考えておりま
す。そのためには、現在取り組んでいる油絵だけではなく、美学の知識な
ども必要になると思っています。そのため、貴学で最大限多くのことを学
んだうえで、美術館で働けるような人材になりたいです。美術には見る人
の心を動かす大きな力があると信じています。その力を多くの人に向けて
発信できるようにしたいです。(178字)

テ ー マ の カ ギ

●積極性をアピールする書き方にしよう。

テーマ 21　体育学部の志望理由書

　今回のテーマ 21 では体育学部の志望理由書のサンプルを題材にして、どのように書くのが適切なのか考えていきます。

✕✕✕✕✕✕✕✕✕　**ＮＧ案**　✕✕✕✕✕✕✕✕✕

① これまでに力を入れたことを 200 字以内で書いてください。

✕　私は小学校から高校まで野球に取り組んできました。野球はチームスポーツなので、自分の役割を意識しつつ、他のチームメイトも存分にプレーできるように声かけを行いました。練習はハードでしたが、努力すればどのようなことでも可能になるという確信をその経験からもつことができるようになりました。この精神をこれからももち続けていきたいです。（162 字）

修正ポイント

　野球に取り組んできたという志望理由書です。内容としては間違っていることは書いていませんが、精神論的な記述に偏っているようにも思われます。近年のスポーツは「スポーツ科学」という言葉があるように、自身の経験や勘だけに頼るのではなく、科学的根拠に基づいて理論的に考えることが主流になっています。そのため精神論だけで語るのは避けたほうが良いでしょう。

② 本学を志望した理由を 200 字以内で書いてください。

✕　貴学の野球部に入部して大学野球で活躍したいと考え志望しました。私は野球に人生をかけているといっても過言ではなく、大学生活でも野球に専念したいと考えております。様々な大学の野球部のなかでも、貴学の野球部はチーム全体を生かすプレーをしており、その精神は私がこれまで大

切にしてきた考え方と合致しています。以上の理由から志望いたしました。
（165字）

修正ポイント

　大学では野球部に入部して活躍したいとの趣旨ですが、あくまで<u>大学は学ぶところですので、その点を強調して書きたい</u>ところです。たとえば、体育学部で野球以外の競技にも触れ、様々な練習方法や戦略の立て方を科学的に学んでいきたいといったことを書くことも可能でしょう。

③ 本学で学びたいことを200字以内で書いてください。

✕　貴学では、どうすれば野球における効果的な練習ができるかを研究したいです。私は将来的にも人生をかけて野球をしていきたいと考えています。そのため、効果的な練習をすることができるかが、野球選手としての命運を分けると思います。貴学では野球を専門とする先生方が多くいらっしゃるので、それについて積極的に学びたいです。（153字）

修正ポイント

　いかにも野球一筋といった志望理由書になっていますが、体育学部では人間の身体の動きや筋肉のつくりなども学べるはずです。もちろん野球に特化するのもわかりやすい記述になります。ただ、体育学部を目指すのであれば、<u>学問的な見地から身体活動を見直す</u>ということも書いていいのではないでしょうか。

④ 本学卒業後、どのようなことをしたいか200字以内で書いてください。

✕　貴学卒業後は、野球の社会人チームで野球に専念したいと考えております。野球は観戦する人たちに希望を与えるものです。そのため、社会人チームでプレーすることにより、多くの人たちにスポーツを通じて夢や希望を提供したいと考えます。もちろん野球を極めるのは至難の業ですが、

それを乗り越え、全国的に通用する選手へと成長したいと思います。
（161 字）

修正ポイント

　社会人チームで野球をしたいとのことですが、この志望理由書では、自分の思いだけが書かれていることが気にかかります。本来は大学で学んだことを生かし、将来につなげるものではないでしょうか。そういった考えがなければ、無理に大学に入学する必要がないのではないかと面接官に指摘されることも考えられます。何を大学で学問として学ぶかを考えましょう。

◇◇◇◇◇◇◇◇◇　**OK案**　◇◇◇◇◇◇◇◇◇

① これまでに力を入れたことを 200 字以内で書いてください。

　私は小学校から高校まで野球に取り組んできました。野球はチームスポーツなので、自分の役割を意識しつつ、他のチームメイトも存分にプレーできるように声かけを行いました。ハードな練習に耐えることで精神力が鍛えられたと思う一方で、今後スポーツ科学を学ぶことで、より効率的で安全な練習方法が考案できると考えます。（150 字）

② 本学を志望した理由を 200 字以内で書いてください。

　貴学の野球部に入部して大学野球で活躍したいと考え志望しました。また、その前提として、貴学でスポーツ科学を学ぶことで、より効果のある練習を考案したいです。私は様々な大学の野球部のなかでも、貴学の野球部はチーム全体を生かすプレーをしており、その精神は私がこれまで大切にしてきた考え方と合致しています。以上の理由から志望いたしました。（164 字）

③ 本学で学びたいことを 200 字以内で書いてください。

○ 　貴学では、野球を含めた様々なスポーツにおける効果的な練習を研究したいです。私は将来的にも野球をしていきたいと考えています。そのため、効果的な練習をすることができるかが、野球選手としての命運を分けると思います。他のスポーツに専心する選手にも、効果的な練習方法を伝えることができます。貴学では科学的トレーニング法を専門とする先生方が多くいらっしゃるので、それについて積極的に学びたいです。(192 字)

④ 本学卒業後、どのようなことをしたいか 200 字以内で書いてください。

○ 　貴学卒業後は、野球の社会人チームで野球をしたいと考えております。野球は観戦する人たちに希望を与えるものです。そのため、社会人チームでプレーすることにより、多くの人たちにスポーツを通じて夢や希望を提供したいと考えます。大学で学ぶであろう科学的なものの見方は必ず役に立つと思っています。もちろん野球を極めるのは至難の業ですが、それを乗り越え、全国的に通用する選手へと成長したいです。(189 字)

テーマのカギ

- ●精神論に偏りすぎないようにしよう。

第 **1** 章 ─ 面接のための準備

第 **2** 章 ─ 志望理由書のまとめ方

第 **3** 章 ─ 頻出質問・回答パターン

第 **4** 章 ─ 系統別面接実例

テーマ 22 学際系学部の志望理由書

 今回のテーマ22では学際系学部の志望理由書のサンプルを題材にして、どのように書くのが適切なのか考えていきます。

✕✕✕✕✕✕✕✕ **ＮＧ案** ✕✕✕✕✕✕✕✕✕

① これまでに力を入れたことを200字以内で書いてください。

✕ 私は高校2年生から3年生にかけて、自主映画の製作に力を入れました。自主映画というのは、商業映画とは異なる映画のことであり、インディーズ映画と呼ばれることもあります。自主映画の製作には多くの人の協力が必要です。たとえば、監督以外にも俳優はもちろんのこと、映像編集担当や音声担当などがいなければなりません。また製作にかかる期間も長いことがあります。私はこのような自主映画に注力しました。(191字)

修正ポイント

この志望理由書では、自主映画の製作に力を入れたという旨のことが書いてありますが、そのあとが「自主映画」そのものの説明になっています。本来であれば自分が何にどのように取り組んだかを書くべきなのに、一般的な説明で終わってしまっています。これでは読み手の心を動かすことは難しいでしょう。自分自身が映画とどのように向き合ったのか、それにあたってどのような困難や努力があったのかを書きたいところでした。

② 本学を志望した理由を200字以内で書いてください。

✕ 貴学ではダイバーシティを推進しており、これまでの枠にとらわれない学びができることにひかれ、志望いたしました。私は大学でも映画について深く学びたいと考えています。映画を製作するにあたっては、技術や技

法の習得はもとより、多様な表現形式や演出方法などを学ぶ必要があります。貴学では様々な講義や演習授業がカリキュラムに組み込まれており、自分がこれまでにない発想で映画を製作するのに最適な場所だと考えました。（199字）

修正ポイント

　まず、「ダイバーシティ」とは多様性のことであり、<u>ダイバーシティの推進そのものは「これまでの枠にとらわれない学び」とはつながらないことに注意しましょう。キーワードの意味の取り違えは致命的です。</u>また、今回書かれている志望理由は、<u>他の学際系の学部にも適用できる一般的な内容にとどまっており、志望理由としては不十分だと思われます</u>。この大学でしか学べないということを強くアピールすることが重要です。

---

③ 本学で学びたいことを200字以内で書いてください。

×　貴学では、映画関係者にとどまらず、多くの哲学者の思想を学びたいと考えております。映画製作をする際には自分の中に多様な考え方をもっていることが重要だと考えるからです。たとえば、古典的な人文学者の思想や、現代に至る科学者の考え方などを学ぶことにより、自分自身が柔軟な発想力をもつことができるようになると思います。貴学ではそういったことを学びたいです。（173字）

修正ポイント

　多くの人々の思想を学びたいとのことですが、それ自体は「学びたいこと」として問題はありません。自分の考え方や発想が柔軟になるというのも納得できます。ただ、それはこの大学でしか学べないのかと問われるとやや難しい部分はあるでしょう。<u>自分が学びたいことをより掘り下げて、何をどのように学びたいのかを明確に書くとより良い志望理由書になると思われます</u>。

④ 本学卒業後、どのようなことをしたいか200字以内で書いてください。

✗　　貴学卒業後は映像に関する仕事につき、それまでに培った映画に関する
ノウハウを駆使していきたいです。具体的にはまだ決まっていませんが、
見る人の心を動かすことのできる映像の力を十二分に引き出せるようなこ
とをしていきたいです。こういった仕事は人の役に立つものだと思います
ので、貴学でたゆまず学んだうえて、それを生かしていきたいと思います。
（165字）

|修|正|ポ|イ|ン|ト|

　　映像に関する仕事をしたいとのことで、志望理由書全体としては一貫
性があるものになっています。自分の軸をしっかりともっている印象を
受けるため良いのですが、最後の「こういった仕事は人の役に立つ」と
いう表現は引っかかります。そもそも仕事は人の役に立つために存在す
るものです。逆に言えば誰の役にも立たない仕事はありません。この点
は意識しておきましょう。

◇◇◇◇◇◇◇◇◇◇　　OK案　　◇◇◇◇◇◇◇◇◇◇

① これまでに力を入れたことを200字以内で書いてください。

○　　私は高校2年生から3年生にかけて、自主映画の製作に力を入れまし
た。自主映画の製作には多くの人の協力が必要です。また製作にかかる期
間も長いことがあります。一緒に映画を製作したい人を集めるところから
出発し、文化祭での上映まで取り組み、2年間で4本の映画を製作しまし
た。映画製作は根気のいる作業でしたが、監督としてそれをやり遂げまし
た。（165字）

② **本学を志望した理由を 200 字以内で書いてください。**

　貴学ではこれまでの枠にとらわれない学びができることにひかれ、志望いたしました。私は大学でも映画について深く学びたいと考えています。映画を製作するにあたっては、技術や技法の習得はもとより、多様な表現形式や演出方法などを学ぶ必要があります。貴学には様々な講義や演習授業があり、文理融合型の学際的な研究も可能です。自分がこれまでにない発想で映画を製作するのに最適な場所だと考えました。(189字)

③ **本学で学びたいことを 200 字以内で書いてください。**

　貴学では、映画関係者にとどまらず、多くの哲学者や芸術家の思想や考え方を学びたいと考えております。映画製作をする際には自分の中に多様な考え方をもっていることが重要だと考えるからです。たとえば、古典的な思想や、前衛アートの考え方などを講義で学ぶことにより、自分自身が柔軟な発想力をもつことができるようになると思います。貴学ではそういったことを学びたいです。(176字)

④ **本学卒業後、どのようなことをしたいか 200 字以内で書いてください。**

　貴学卒業後は映像に関する仕事につき、それまでに培った映画に関するノウハウを駆使していきたいです。具体的にはまだ決まっていませんが、見る人の心を動かすことのできる映像の力を十二分に引き出せるようなことをしていきたいです。こういった仕事では私のこれまでの経験や学びを生かせますし、自分自身が充実しながら邁進できるものだと思っております。(166字)

テーマのカギ

● 「その大学でなければならない」志望理由になっているかチェックしよう。

第 **3** 章

頻出質問・
回答パターン

テーマ 23　頻出項目から考える

🏢 1分間で自己PR

> **質問** 1分間でご自身のことについて自己PRをお願いします。

　　　面接の冒頭で聞かれることがある質問です。高校では自分のことを紹介する機会がなかなかないので、答えてみようとすると意外と難しいでしょう。ただ、一度骨組みを作ってしまえば、あとはそれを活用するだけなので、準備した受験生が非常に有利になります。

NG 回答例

❶私は学校生活で、部活動に取り組んできました。部活動はサッカーだったのですが、部員たちと監督とのあいだで意見の食い違いが起こった際に意見の取りまとめを行いました。❷……（間があって）……以上です。

ダメ出し ポイント

❶：この質問で聞かれているのは自身のPRです。一方、 NG 回答例 では「学校生活でがんばったこと」のみを話しています。これでは、質問に直接答えられているとは考えづらいでしょう。質問に直接答えているという印象を面接官に与えられるようにしましょう。

❷：おそらく、この回答では、指定された1分間という時間に届いていないのではないでしょうか。時間を指定されているからには、時間にピッタリ合わせるまではしなくとも、それに近い時間で答える必要があります。特に、指定された時間の半分程度でしか答えられていないであろう今回のような場合は、質問が要求する条件（1分間で話すこと）を満たしていないとされてしまい、評価が低くなってしまうことも考えられます。

❸：全体として、投げかけられた質問に十分に答えることができていないのがマイナス要因になります。途中で間があり、そのまま終わってしまうと、自己分析がうまくできていない印象を与えてしまうでしょう。

【合格】回答例

❶私は何事にも積極的に取り組むことをモットーとして行動するようにしております。❷たとえば、学校の清掃の状態がよくなかったときには、美化委員会の委員長として、学校の中で清掃が行き届きづらい箇所を写真に撮って、掲示して可視化する取り組みを行いました。また、課外活動では小学生の学習を支援するボランティアに取り組み、自分なりに工夫をして小学生がうまく学習内容を理解できるように努力しました。このように、私はどのようなことにも果敢に取り組むとともに、活動のなかで課題だと思ったことに対しては自分なりの解決方法を考案して実行することができます。

【高評価】ポイント

❶：この回答では、まず自身の信条の部分から始めることにより、自分がどのような人間なのかということを端的に表現することができています。質問に対して、相手が求めることを最初に答えることが面接の回答では重要です。

❷：自身の信条から回答を始めたうえで、例を挙げて根拠づけるようにしています。単に自分の信条を述べるだけではなく、根拠をもって答えることにより、面接官としても納得しやすいものになっています。また、例を「学校での活動」と「課外活動」の２つの分野から挙げることで、自分が主張したい「何事にも積極的に取り組む」という信条について説得力をもたせることができています。

❸：全体を通して、長さが１分間にちょうどおさまるように調整されています。そもそも質問は「１分間で自己PRを行う」というものでしたから、それに沿う回答ができています。質問が求める条件にうまく合致した回答をすることが重要です。

【回答のカギ】

●自己PRを求められた場合には、基本的に自身の信条（モットー）や、行動する際の基本的な姿勢を答えるようにしよう。

●自己PRでは、抽象的な答えに終わることのないよう、なるべく例を挙げながら説得力をもたせた回答をするようにしたほうが、面接官側の立場としても納得しやすいものになる。

自分の長所・短所

> **質問** ご自身の長所と短所を教えてください。

 面接ではよく聞かれる質問です。「長所」は比較的思いつきやすい一方、「短所」は言いづらいことが多いです。大学で学問を修めるにあたって致命的な短所は言わないようにすることが重要です。また、長所についてはそれが生かされたエピソードを追加で聞かれることがありますし、短所はその克服法を問われることがあります。

NG 回答例

❶ 私の長所は、どのようなことに対しても好奇心旺盛なところです。
❷ 短所は、自分の興味がわかないことや面倒に思えることに対しては積極的になれないところです。

ダメ出し ポイント

❶：何に対しても好奇心が旺盛であるという長所は特にマイナス要素ではありません。ただ、このあとで「興味がわかないことや面倒に思えることに対しては積極的になれない」ということを短所として答えているため、長所と短所が矛盾したものになってしまっています。「どのようなことに対しても好奇心旺盛ではあるけれど、興味がわかないことや面倒に思うことがある」というのは食い違っていますね。その点ではマイナスになる答え方です。

❷：誰しも興味がわかないことや面倒に思うことは存在するものですので、それに対して積極的になれないことが短所であることは否定できないことです。ただ、そのことを面接試験で述べた場合は、面接官としては「この生徒はウチの大学に入ってからきちんと勉強に励んでくれるだろうか？」と不安に思ってしまうかもしれません。どのような学問においても、幅広い教養や知識は必要です。そのため、この短所は大学の面接試験においては口にしないほうがベターでしょう。

合格 回答例

❶私の長所は、誘惑に負けることなく、その時その時で自分がすべきことを淡々とこなすことができる点です。 **❷**短所としては、自分に厳しくしすぎるあまりに、自分の中で問題の解決処理に行き詰まってしまうことが挙げられます。

高評価 ポイント |||

❶：この回答では長所から述べていますが、全体として矛盾することもなく終わることができています。「誘惑に負けずすべきことをこなす」という姿勢は、学問を修めるにあたって必要なものですので、聞いている面接官としても安心感をもてる回答になっています。この回答に対しては、面接官から「あなたの長所を示す具体的なエピソードは何かありますか」と質問が重ねられる可能性もありますので、その対応も考えておくとより良いでしょう。

❷：自身の短所についても、「自分に厳しくする」という趣旨の内容で、大学で学んでいくにあたり問題のない回答になっています。この回答では、「問題の解決処理に行き詰まってしまう」としていますが、それをフォローするような回答をつけ足してもよかったでしょう。たとえば、「問題の解決処理に行き詰まってしまうこともあります。そのようなときは、周りの人の意見を求めて問題が解決するように工夫しています」というような「短所の克服」に触れてもよかったと思われます。

回答のカギ

●「自身の長所や短所」を回答するよう求められた場合には、長所と短所が矛盾しないように気を付けよう。

●誰にでも短所はあるもの。ただ、大学という「学問」を修める場においてふさわしくない回答は避けるようにしよう。

●短所を述べたあとにフォローの一言を入れると、面接官が受ける印象が良くなる。

自分に対する他者の評価

質問 ご家族やご友人、学校の先生方など、あなたの周りにいる人はあなたをどのように評価していると考えていますか。

 「自分に対する周りからの評価」に関する質問です。この質問では、自分が自分自身のことを、客観的に観察できているかを試されることが多いと思われます。ここでも自己分析が重要なことがわかると思いますよ。

NG 回答例

　私は、❶友人たちから「いつも元気に過ごしている」とか「学校の掃除に積極的に取り組んでいる」と言われることが多くあります。❷いつも健康に気を付けていることと、きれいな環境で過ごすことが好きなことがその理由であると思います。

ダメ出し ポイント

❶：視点が「友人たち」からのものだけになっています。今回の質問では、家族、友人、学校の先生など、自分の周囲にいる人たちから自分がどのように見えていると考えているかを問われています。確かに友人からの評価も回答における重要なポイントです。ただ、できれば家族や学校の先生なども含めた複数の視点から自身について考えていることを示したいところです。

❷：友人から「元気に過ごしている」とか「掃除に積極的に取り組んでいる」といった評価を得ていることから見えてくるのは、「健康に気を付けている」ことと「きれいな環境で過ごすことが好き」なことだけではないはずです。自身に対する分析が表面的なままで終わっているのが残念です。

····（ 合格 ）回答例 ）·····

　友人たちからは「いつも元気に過ごしている」と言われることが多くありますし、❶地域の方々からは「挨拶をきちんとできて礼儀正しい」とよく言われます。❷私は自分の気分を過剰に上下させることなく、一定に保とうとすることで、周りの人たちに不快な思いをさせることがないように心がけています。その点がこういった評価につながっているのだと思います。

高評価 ポイント ▌▌▌

❶：質問で提示された「家族」、「友人」、「学校の先生」以外の人からの視点も取り入れていることは評価できます。自分の身近にいる人が様々であることは当然ですし、家と学校だけではない多様な人々とコミュニケーションをとっていることがうかがえる回答です。

❷：周りからの評価を受けて、自分のどういった部分がその評価につながっているのかを冷静に分析できています。今回のような自己分析に関わる質問では、どれだけ自分自身のことを深く理解できているかが重要です。表面的な態度や性格だけではなく、自身の行動原理などを答えることができれば、より高い評価を受けることが可能になると思われます。

┌ 回 答 の カ ギ ┐

●自分のことについて質問された場合は、自己分析に関わるものだと考えよう。
●自身の評価については、なぜそのような評価につながっているのかについて、表面的ではなくより内面に迫る回答を心がけるようにしよう。

これまでに自分がぶつかった困難

> **質問** これまでに直面した困難を、それをどのように乗り越えたかということも含めて教えてください。

 どの学部においてもよく聞かれる頻出の質問です。この質問に答えるには、まずは自分の経験の棚卸し（たなおろし）をしておく必要がありますね。また、自分の経験の中で何が「困難」であったか、そしてそれを乗り越えるにはどうしたのかについての分析を事前にしておくことが求められます。

NG 回答例

❶私がこれまでに直面した困難は受験勉強です。私は大学受験を意識するまでに自発的に勉強することはほとんどありませんでした。そのため、何をどのように勉強すればいいのかがわかりませんでした。それでも、❷学校の先生や通っていた塾の先生にやり方を教えてもらって、なんとか成績を上げていくことができました。

ダメ出し ポイント

❶：「困難」として「受験勉強」を挙げる受験生は多いのですが、これは大学入試の面接ではあまり好ましくありません。そもそも大学は学問の場ですから、勉強に後ろ向きな姿勢は評価されないでしょう。また、人生の中での困難が受験勉強しか存在しないということはほとんどないと思われますので、自己分析が甘いと捉えられる可能性があります。

❷：「困難をどのように乗り越えたか」について、学校や塾の先生に頼りきっている印象を受けます。困難を自分の力で乗り越えた経験を話したほうが、主体的な姿勢を示すことができるでしょう。

·····（**合格** 回答例）·····

　私がこれまでに直面した困難は、高校の部活動でチームの結束がなくなりそうになったことです。　**❶**私の所属していたバレー部で、練習方法をめぐって部員のなかで対立が起きました。そこで私は部長と話し合って、**❷**どういった点が問題になっているのかを明確にし、部員全員が納得できるまで議論するよう働きかけ、解決しました。

···

高評価 ポイント ▌▌▌

❶：自分の直面した困難がどのようなものだったのか、簡潔に説明することができています。多くの受験生は、状況の説明などに時間を割きすぎて話がまとまりません。そのなかで自分の経験をうまく説明できたのは良い点です。

❷：困難に対して自分がどのように対処したかがよくわかる説明です。問題の解決にあたっては、問題点の抽出と、関係する人々の納得が重要です。それらの点を踏まえた解決策をとっており、高く評価することができます。

┌─《 回答 の カギ 》─────────────┐

●困難や問題については、主体的に取り組んだことを示そう。

●自分のこれまでの人生の中で何が困難だったのかということについて、経験の棚卸しをしておこう。

●状況説明は簡単で問題ないので、自分がどのような思考をたどったのかを考えよう。

└──────────────────────┘

第**1**章　面接のための準備

第**2**章　志望理由書のまとめ方

第**3**章　頻出質問・回答パターン

第**4**章　系統別面接実例

111

自分と性格が合わない人とどう接するか

> **質問** 身近に、考え方や性格がご自身と折り合わない人がいたとして、あなたはどのようにふるまいますか。そのようにする理由も含めて教えてください。

 対人関係についての質問です。人間であれば誰しも性格が合わない人がいるものです。性格の合わない人に対してどうふるまうかで他人に対する考え方も見えてきます。なお、この質問は医療系の学部に多い傾向にあります。

NG 回答例

❶性格の合わない人とはできるだけ接点をもたないようにしています。性格や考え方が合わないのであれば、❷一緒に何かをしても得られるものは少ないと考えるからです。

ダメ出し ポイント

❶：性格が合わなければ接点をもたないとのことですが、このような回答をすると、「ではどうしても接する必要がある人にはどのような対応をとるのですか」といった質問が重ねられる可能性があります。性格などが折り合わない人と接点をもたなくてもよいのは概して学生の時までです。大学でも、どうしても接点をもたなければならない人はいます。そのときにどうするかというのがポイントです。

❷：その人と一緒にいて何かを得られるかどうかという思考をするのは、やや利己的な印象を受けます。自分自身は何かを得ることができなくても、集団全体として皆が利益を得られることがあり得ます。自己中心的な印象を与える回答は控えたほうが良いでしょう。

合格 回答例

❶性格や考え方が合わない人に対して、私は挨拶や日頃の会話など、他の人にも行うことについては同じようにすることを心がけています。また、 ❷一緒に何かをするときには、意見が衝突するときもありますが、どういった点で自分たちの意見が合わないのかを考え、目的を達成することを優先するようにしています。

高評価 ポイント

❶：少なくとも必要最低限のことは誰にでも行うとした点は妥当です。性格や考え方が合わないからといって自分から完全に遠ざけるだけなのは、精神的に幼い印象を受けるからです。また、誰にでも同じように接するという回答からは、個々人を等しく尊重する姿勢が見受けられるので好印象です。

❷：ともに何かをすることがあるという前提で話すのは、 NG 回答例 とは異なる点です。集団で生活する限り、誰であっても一緒に何かに取り組むことはあるものです。そういったときに意見の食い違いがあっても、何が自分たちのあいだで問題になっているのかを明確にする姿勢は評価できます。

回答のカギ

●合わない人を遠ざけるといった対処は避けよう。
●誰にでも同じように接するといった、相手を尊重する姿勢を見せよう。
●自分が集団のなかでどのようにふるまうのか、それを面接官にイメージしてもらえるようにしよう。

最近のニュースで気になったもの／最近読んで印象に残った本及びその理由

> **質問** 最近見聞きしたニュースや、印象に残った本や記事があれば理由
> も含めて教えてください。

 　　　この質問は受験生が苦手にしがちなものです。新聞やニュースを見ることが少なく、見聞きすることがあっても Web 上のものだった場合には答えづらいものです。また、受験勉強や部活に追われ、読書に親しむ時間が少ないのが現在の受験生の実情ではないでしょうか。それは面接官も認識していると思われますが、そのうえでこの質問をしていると考えましょう。

NG 回答例

❶ えーと……ありません……。

ダメ出し ポイント

❶：この回答をしてしまうとかなり厳しい評価になってしまうでしょう。大学では様々な本や文献を読むことが求められます。また、ゼミなどでは時事的なニュースを題材にして発表をすることがあります。ニュースに対してアンテナが張られていなかったり、読書をまったくしていなかったりすると、大学で学ぶ素質を疑われても仕方がないでしょう。ただ、唐突にニュースや本について聞かれると、何も出てこない受験生は数多くいます。せめて、面接の前の1カ月程度は、学校の図書館にある新聞などの記事を読んでおきたいものです。また、忙しい高校生活の中でも、1年間に数冊は長期休みのあいだだけでも読んでおきましょう。読むのは新書などで構いません。巻末に学部別でおすすめの書籍を掲載しているので参考にしてみてください（ p.255 ）。

合格 回答例

❶私は最近、太宰治の『走れメロス』を改めて読み返したのが印象に残っています。『走れメロス』は中学生の時に教科書で読んだことがありましたが、書店に並んでいるのを偶然見かけて読み返しました。❷印象に残った理由は、中学生の時に抱いた感想と、高校生になってもった感想が大きく違っていたからです。中学生の時には、友情を描いた物語だと考えただけでしたが、読み返してみると、人間のありようについて感慨をもったとともに、表現面にも注意が向きました。年齢が変わるにつれて感じることも変わるのだと気づきました。

高評価 ポイント ▮▮▮

❶：この回答では読書について答えていますが、専門的な本や志望する学部に関する本でなくても構いません。**合格** 回答例 のように誰もが知っている本であっても問題ないということです。むしろ、読んだ本からどのようなことを考えたということのほうが重要です。

❷：印象に残った理由が、具体的な事例とともに語られているのが好印象です。面接における回答では、面接官に具体的にイメージしてもらうことも大切です。その点、この回答では中学生の時の自分と高校生の自分を比較しており、具体性も十分です。

回答のカギ

●日頃からニュースや本に触れるように心がけよう。
●回答で取り上げることはどのようなことでも良いので、そこから何を考えたか、何を得たかに重点を置こう。
●回答をする際にはなるべく具体性をもたせるようにしよう。

テーマ 24 文学部の質問・回答パターン

> **質問 1** これからの言語の変遷についてどのような考えをもっているか。

NG 回答例

若者言葉に代表されるように、言語は現状よりももっと乱れたものになっていくと思います。

ダメ出し ポイント

●言語は多面的なものです。若者言葉として言語が「乱れている」と言われることもありますが、それは「変化」であると捉えることもできます。<u>言語のように多様な面から捉えることができるものは、いろいろな角度から観察して回答するようにしましょう。</u>

合格 回答例

言語はこれからさらに変化していくと思います。古典文学の言葉から現在の言葉に至るまで著しく変化したのと同様に、長い年月が過ぎれば現在の言語も変化していくと考えます。それを「乱れ」と考える意見もありますが、言語は時が経つにつれて単に変化するのだと思います。

回答のカギ

●「言語」や「文化」、「文明」といったものは、見る人の視点によって姿を変えるものだと考えよう。
●面接では、一面的な見方だけを述べるのではなく、少なくとも 2 つの面から考え方を述べ、自分としてはどのように考えるかを話そう。

> **質問 2** 今までの交流で文化のコンフリクトはあったか、あったとしたらどのように解決したか。

NG 回答例

　これまで私は日本にしか住んだことがないので、文化のコンフリクトを体験したことはありません。

ダメ出し ポイント

● 「文化のコンフリクト」とは「関わっている人同士の考えていることが、同じでない状況」のことを言います。この定義から考えると、たとえ日本にしか住んだことがなくても、住んでいる地域間での違いや、育った環境のあいだでの違いによってコンフリクトが起こることはあると思われます。「異文化」を「異なる国同士の文化」と決めつけないことが重要です。

合格 回答例

　私の家庭とはまったく違う環境で育った友人とのあいだで文化のコンフリクトを経験しました。その友人の家庭は裕福で、私と金銭感覚が異なっていました。買い物などの場面で、金銭感覚に関する自分の考えをはっきりと伝えることで、トラブルになることを未然に防ぐようにしました。

回 答 の カ ギ

●文学部の面接では時に独特の用語が使われることがあるので、自分の受験する学部・学科に関する重要な概念や語句についてできるだけ情報を仕入れておこう。
●「文化」や「言語」は日本では皆同じだと考えがちだが、本当はそうではなく、地域や家庭などによっても異なることを理解しよう。

第**1**章 面接のための準備

第**2**章 志望理由書のまとめ方

第**3**章 頻出質問・回答パターン

第**4**章 系統別面接実例

質問3 ▶ 希望する将来の夢がかなわなかった場合どうするか。

NG 回答例

　私の将来の夢は古典文学の研究者になることですが、それがかなわなかった場合には、地元に帰って公務員として働きたいと思います。

ダメ出し ポイント ▮▮▮

●いかにもありそうな回答です。ただ、もし自分が本当に学びたいことであれば、「職業」としては夢がかなわなかったとしても、<u>他のアプローチで学びたいことを学ぶ方法はあるはずです</u>。この質問は、近年課題となっている、文科系研究者のポスト不足を反映したものだと思われます。それと同時に志望する学問を本当に修めたいと考えているのかを試す質問だともいえるでしょう。将来の夢がかなわなかったとしても学ぶ姿勢を見せることで、学問に対する積極性を示しましょう。

合格 回答例

　私は将来古典文学の研究者になりたいと考えていますが、その道も厳しいことは認識しています。夢がかなわなかったとしても、現代では情報にアクセスする方法は数多くあるので、学びを止めることのないよう行動したいです。たとえば、通信制大学の講座の受講生や近隣の大学の聴講生になることで、学ぶことにアプローチしていきたいです。

回答のカギ

●希望する職種につけなかったら諦める、という発想は避けよう。
●学ぶ手段はひとつではないことを意識しよう。

質問 4 ▶ 古典作品を学び、継承していくことの意味とは何か。

NG 回答例

　古典作品を学ぶことで、過去の人々が身につけた教養を知り、私自身もその教養を吸収できる意味があると感じてきました。古典作品を継承することにより、自分のようにかつての教養が未来へとつながっていくようにしたいです。

ダメ出し ポイント

● 「古典作品を学び、継承していくこと」として、自分が教養を身につけることを挙げています。この回答自体は必ずしも間違っているとはいえません。ただ、主語が「自分」に偏っていることが気にかかります。古典作品を自分の目線だけで語るのは、視野が狭いと思われる可能性もあります。

合格 回答例

　古典作品を学び継承していくことで、これから世界に羽ばたく人々にも古典作品を知る機会を提供できると考えます。古典作品に触れた人が、そこから教養や、現代にも通じる普遍的な考え方を学び、実生活や人生観を磨き上げることができると思います。

回答のカギ

● 主語を「自分」だけに限定すると視野が狭くなることがあるので注意しよう。

● 「これからの人々」といったように主語を拡張することにより、広い視野で物事を観察している印象を与えることができる。

第 **1** 章 面接のための準備

第 **2** 章 志望理由書のまとめ方

第 **3** 章 頻出質問・回答パターン

第 **4** 章 系統別面接実例

NG 回答例

　デジタルデバイスとしてスマートフォンが挙げられますが、利点として、膨大な情報に瞬時にアクセスできる点があります。また、欠点として、大量の情報に惑わされてしまい、間違った行動をとってしまう恐れが存在する点があります。

ダメ出し ポイント

●デジタルデバイスとしてスマートフォンを挙げていますが、やや限定しすぎです。たとえばインターネットに接続可能なパソコンやタブレットなどが「デジタルデバイス」として挙げられますので、それらの共通点から話したほうが良いでしょう。また、「欠点」が大量の情報があることにより生じるデメリットになっています。これは「デジタルデバイスの欠点」ではないので、質問の趣旨からずれています。

合格 回答例

　デジタルデバイスには様々な機器や媒体があります。利点として膨大な情報に瞬時かつ容易にアクセスできる点があります。しかし、大量の情報を読み解くリテラシーがない状態でデジタルデバイスを使うと、間違った情報に惑わされたり、情報が多すぎて選択できなくなったりする欠点をもっていると思います。

回答のカギ

●質問で聞かれていることのテーマから回答がズレないように注意しよう。
●情報を読み解く力を「リテラシー」と呼ぶので、この概念を回答にうまく生かそう。

質問6 言葉や文化についてこれまでどのように学んできたか。

・・・ **NG** 回答例 ・・

　私は言葉や文化については学校で扱う国語の教科書程度でしか学んでこなかったのですが、大学に入ってから本格的に自分の専門とする分野について学んでいきたいです。

ダメ出し ポイント ‖‖

●この回答では、国語の教科書でしか言葉や文化について学んでいないとしていますが、その読み方によっては多くのことを引き出せるはずです。また、この回答は要約すると「これまではあまり学んでいないので今後努力したい」ということになります。質問は「これまでどのように学んできたか」なので、「これから」のことは聞いていません。<u>質問されていることからズレてしまっています。</u>

・・・ **合格** 回答例 ・・

　言葉や文化について、私は主に学校の国語の教科書から学んできました。教科書には多様な表現形式の評論や小説、詩、短歌などが掲載されています。こういった作品を通して、言葉には無限の可能性があること、そして自分自身も文化を形作る一員になり得ることを学んできました。

回答のカギ

●素材は同じであっても、向き合い方によって得られるものが異なることに注意しよう。
●「これまでのこと」なのか、「現在のこと」なのか、それとも「これからのこと」なのかを把握し、質問から離れないようにしよう。

質問 7 ▶ 文学の成立に影響を及ぼしているものは何か。

NG 回答例

　文学の成立に影響を及ぼしているものは人間の想像力だと思います。文学は作者の頭の中にあるものを文字の形で具体的に表したものです。文学を学ぶことにより、人間がこれまでどのような想像を経てきたのかを知ることも可能です。私はそれを研究したいです。

ダメ出し ポイント

● 「文学の成立に影響を及ぼしているもの」として「想像力」を挙げ、その具体的説明をしています。主張を述べてからその説明をする順序自体は間違っていません。ただ、今回の質問で聞かれているのは「影響を及ぼしているもの」ですね。「人間の想像力」は文学の成立の「源泉」と言ったほうが良いので、質問の意図とのズレがあります。また、最後の一言は質問に答えていないので不要です。

合格 回答例

　文学の成立に影響を与えているのはその文学を書く人を取り巻く環境だと思います。環境には家庭環境や社会環境、時代が含まれます。環境が変わればその当時の人々の常識も変わりますので、文学の成立に影響を及ぼすと考えます。

回答のカギ

● 質問されている事項がどういうものなのかを明確に判断してから回答するようにしよう。
● 回答する際には特に「その質問で答えてほしいこと」が何かを吟味しよう。

質問 8 あなたの研究をどう社会に生かしていくのか。

･ **NG** 回答例 ･

　私は『源氏物語』の研究がしたいと思っています。古典作品は社会の役に立たないとよく言われます。ただ、私はそう思わないので、なんとかして自分の研究を社会に生かしていきたいです。

ダメ出し ポイント ┃┃┃

● 回答では、古典作品の研究を「なんとかして社会に生かしていきたい」としていますが、これでは質問に答えたことにはなりません。今回の質問では「どうやって（= How）」が聞かれていますので、できる限り具体的な方法論を述べる必要があります。今回の場合では「なんとかして」といったあいまいな精神論は通用しないと考えてください。

･ **合格** 回答例 ･

　私は『源氏物語』の研究がしたいと思っています。『源氏物語』はその成立までにあった文学の集大成であり、今でもその影響は文学をはじめ随所に見られます。そのような文学作品が社会にどのような影響を与え得るのかを研究することで、たとえば創作物が社会にインパクトを与える要素を見出し、暮らしをより豊かにすることが可能になると思います。

回 答 の カ ギ

● 質問で聞いているのが「何を（= What）」なのか、「どうやって（= How）」なのかなど、何を聞いているかに注意しよう。
● 面接では精神論によるあいまいな回答は避けるようにしよう。

第**1**章 面接のための準備

第**2**章 志望理由書のまとめ方

第**3**章 頻出質問・回答パターン

第**4**章 系統別面接実例

テーマ 25　教育学部の質問・回答パターン

> **質問 1**　子どもたちが集団で授業を受けることの意味は何か。

NG 回答例

　子どもたちが集団で授業を受けることにより、子どもたちが仲良くなり絆が強くなることが挙げられます。結束が強くなれば、学校行事などにも積極的に取り組めるようになるため、集団で授業を受けるのは意義深いものだと考えます。

ダメ出し ポイント

● 集団で授業を受けることですべての生徒の関係性が良くなるわけではないことに注意が必要です。集団授業のメリットとしては、子どもたちに均等な情報を提供できる、少ない数の教員が効率的に教えることができるといったものがあります。逆にデメリットとして、授業についていけない子どもや、授業が物足りない子どもが出てくること、子どもたちの統制が難しいことがあります。これらを比較して答えてみましょう。

合格 回答例

　集団で授業を受けることには、子どもたちのあいだでの理解力などの差により学力にも差が生まれる面がありますが、一斉に均等な情報を提供できる点ではシステムとして意味のあることだと思います。

回答のカギ

● 物事のメリットとデメリットを比較する習慣をつけよう。

> **質問 2** 部活動に学校の先生がいることの必要性とは何か。

NG 回答例

　部活動に学校の先生がいることにより、部員である生徒たちは緊張感をもって部活動に打ち込めるようになると思います。生徒たちだけではできない、監督する役割を担えます。

ダメ出し ポイント ‖‖

●緊張感をもって部活動ができる、というのも一面的には正しいですが、それが「学校の先生」である必要があるのかは疑問が残ります。たとえば学校外のアスリートが部活動を見たほうが緊張感は高まるかもしれません。学校の先生の役割を考えていく必要がありそうです。<u>教育学部の場合は面接官が教員経験者であることも多いので、実態に即した回答をしましょう。</u>

合格 回答例

　部活動に学校の先生がいることにより、生徒たちの安全と安心が保たれる意味があると考えます。学校の先生は生徒たちの学校内での活動に責任をもつ存在です。そのため怪我などをしないように節度をもった部活動をするためには学校の先生が必要だと思います。

回答のカギ

●学校内での生徒の活動に責任をもつのは学校の先生であることに注意しよう。
●学校の先生以外の他の誰かであってはいけない理由がある可能性を考えよう。

NG 回答例

　高校 2 年生の時に、ショッピングセンターで迷子になった子どもを助けた経験があります。親御さんとはぐれてしまい泣いていましたが、一緒にショッピングセンターのインフォメーションに行って励まし続けました。

ダメ出し ポイント

● 「支援の必要な子ども」の捉え方が間違っています。この場合の支援の必要な子どもというのは、発達における困難を抱えている子どもや、何らかの障害をもっている子どものことです。今回は教育学部の面接での質問なので、「支援が必要な子ども」という言葉から、すぐに連想しなければなりません。学部の特性を意識しましょう。

合格 回答例

　高校 2 年生の時に、オンラインで小学生に勉強を教えるボランティアに参加し、支援の必要な子どもと関わりました。その子は国語はできるのですが算数における概念が理解できず、就学上の支援が必要だと感じました。私はまだ専門的な知識もなかったため、ボランティアの責任者と連絡をとり、専門機関に取り次いでもらいました。

回答のカギ

● 質問される言葉の意味は学部によって異なることがあるので注意しよう。
● 学部ごとの特性を理解し、必要な用語はなるべく学んでおこう。

質 問 **4** あなたが目指す教員はどのようなものか。

NG 回答例

　私が目指す教員は、いつも笑顔でいて、健やかな毎日を過ごせている教員です。生活にメリハリをつけ、充実した日々を過ごしていきたいと思います。

ダメ出し ポイント

●教員を目指しているはずなのに、回答に「子どもたち」という言葉がまったく出てこないのはマイナスです。教育に携わる限り、自身が貢献する対象は子どもたちです。そのため、教員としては「子どもたち」が主語になるような回答が望ましいでしょう。自身の個人としての生活は問われていないことに注意しましょう。なお、小学生は「児童」、中学生及び高校生は「生徒」と呼び、児童と生徒をまとめて「子どもたち」と呼ぶのが通例です。

合格 回答例

　私は日々接する子どもたちが健やかに成長できるような環境づくりに専念できる教員を目指します。一人ひとりに向き合うとともに、集団としてのルールに則った行動ができるように学級をまとめあげていきたいです。

回 答 の カ ギ

●教育学部においては「子どもたち」が主語になると考えよう。
●子どもたちにどう成長してほしいのか、イメージをもっておくと良い。

質問5 教師になるために自分に必要だと思うことは何か。

NG 回答例

　教師になるために、私には元気さが必要だと思います。私はつらいことがあったときに悩んでしまうことがあり、それを克服したいと考えています。子どもたちに接するにあたっては、教師が元気な姿でなければ暗い気持ちにさせてしまいます。そのため、はつらつとした態度でいることが必要だと考えます。

ダメ出し ポイント

●人間だれしも、つらいことがあったときには悩んでしまうものです。ただ、それは必ずしも面接で言わなければならないものではありません。また、「元気さ」といった精神的な部分は教育学部で養えるものというわけではないので、教師を志して教育学部を志望する受験生としては適切な回答とは言えないでしょう。

合格 回答例

　私に必要なのは、様々な特性や障害をもった子どもたちに対してどう接すればいいのか、どう対処すればいいのかといった児童精神に関する知識だと考えます。この知識は高校までは学ぶことができなかったので、貴学で十分に学びたいと思います。

回答のカギ

●大学で学べることは「知識」や「技能」なので、精神的な部分を大学で伸ばせるわけではないことに注意しよう。
●自分にとって必要なことは、自分に不足していることと同じなので、教師になるために不足しているものを分析しておこう。

質問6 これまでに印象に残っている先生とその理由。

NG 回答例

　印象に残っている先生は、高校で出会った非常に厳しい先生です。ご自身が生徒に求める水準が高いため、私たちは予習に多大な時間を割かなければなりませんでした。その授業から得られるものもありましたが、かなりハードであったため印象に残っています。

ダメ出し ポイント

●先生のことをマイナスのイメージで見ていることがうかがい知れる回答です。授業がハードだったとしても、それには先生なりの意図があったのではないでしょうか。教育学部を志望する受験生として、先生の指導の意図を推測できていないのは残念です。この質問は、受験生がどのような先生と出会ってきたのかを知るためのものでもあります。なるべくプラスの印象で語ったほうがベターでしょう。

合格 回答例

　印象に残っている先生は、高校で出会った、勉学に厳格な姿勢で臨む先生です。その先生の授業では綿密な予習が必要とされたため、多くの時間をかけていました。その授業を通して、私は勉強することが一筋縄ではいかないものだと身をもって感じることができましたし、大学で学問に励むための持久力がついたと考えているからです。

回答のカギ

●出会った先生について、その指導がどういった意図をもっていたのかを考えてみよう。
●先生から自分が学びとったことを言語化できるようにしよう。

質問 7 ▶ 保護者との関わりで気を付けることは何か。

NG 回答例

　最近では常識のない、いわゆるモンスターペアレントと言われる保護者が多いと聞いております。そういった保護者とも関わりをもたなければならないので、どのようなことを言われても毅然（きぜん）と対応する姿勢をもつように気を付けたいと思います。

ダメ出し ポイント

●回答の内容が「モンスターペアレント」の話題に終始してしまっています。「保護者」全体が質問におけるテーマだったのに、それを狭めてしまっている点がマイナスです。保護者にも様々な方がいるのは事実ですが、決して教師の敵であるわけではありません。教師を志す者としては、保護者との関わりをネガティブに捉えるのではなく、どうすれば良好な関係性が築けるかを考えてみましょう。

合格 回答例

　保護者と関わる際には、その保護者が何を求めているのかを察しながら対応することが重要だと考えます。保護者が教師と関わるのは子どもたちへの対応をめぐることが多いと思われます。そのため、保護者とその子どものことを総合的に考えて関係性を構築することが重要だと思います。

回答のカギ

●質問のテーマを自分で狭めないようにしよう。
●教師を志す者としては、保護者と信頼に基づく良い関係性を築くことを念頭に置こう。

質問 8 ▶ 2030 年の子どもに必要な力は何か。

····(**NG** 回答例)····

　子どもたちに必要な力は基礎学力だと思います。どのような時代であっても、「読み書きそろばん」と言われるような、読解力と数学的思考力が必要になります。特に現代の子どもたちは活字離れも深刻なので、読解力の養成が必要だと思います。

ダメ出し ポイント ▐▐▐

●回答で「2030 年」と年代が指定されている意味を考えていないのが残念です。現代は AI（人工知能）の著しい発達をはじめとして、あらゆる分野が急激に変化しています。その流れは今後も止まらないでしょう。したがって、これからの子どもたちに必要なのは、激動の時代であっても主体的に選択を行い生きていく力といったものになるのではないでしょうか。その点を意識したいです。

····(**合格** 回答例)····

　2030 年の子どもたちに必要なのは、自分で考え主体的に学びに取り組む力だと思います。この力は学力だけにとどまらず、変わりゆく時代のなかで自分にとって最適な選択肢を選びとるための生きる力であるともいえます。そういった力が必要だと考えます。

┌─ **回答のカギ** ─┐

●質問で指定された条件（年代や場所など）を踏まえて回答しよう。
●現代がどのような時代なのかという現状認識を踏まえ、将来を見据えた回答をしよう。

第 **1** 章　面接のための準備

第 **2** 章　志望理由書のまとめ方

第 **3** 章　頻出質問・回答パターン

第 **4** 章　系統別面接実例

テーマ 26　外国語学部の質問・回答パターン

質問 1　専門にしたい言語を選んだ理由は何か。

NG 回答例

　私はアラビア語を専門にしたいと思っています。アラビア語を選んだ理由は、今後の国際社会においてアラビア語が必要不可欠だと感じたからです。アラビア語の話者は4億人以上いると言われているため、彼らと意思疎通をするのに必要だと考えました。

ダメ出し ポイント

●確かにアラビア語の話者の人口は世界的にも多いので、間違ったことは言っていません。ただ、アラビア語話者数が多く、国際社会で必要不可欠という理由は、英語や中国語といった他の言語でも成り立つものであるため、やや弱いものになっています。アラビア語である必然性を他の観点から述べたほうが良かったでしょう。

合格 回答例

　私はアラビア語を専門にしたいと思っています。アラビア語を選んだ理由は、原油や天然ガスの主要な産地である国や地域で話されているからです。将来的に貿易に関わる仕事につきたいと考えているので、アラビア語が最適だと思い選びました。

回答のカギ

●言語を選んだ理由は、他の言語にもあてはまるような一般的なものではないものにしよう。
●回答に自分独自の理由を入れると説得力が高まる。

質問 2 〉 留学の予定はあるか。その理由は何か。

・・・・**NG** 回答例 ・・・・・・・・・・・・・・・・・・・・・・・・・・・・・・・・・・・・・・・

　私は留学をしたいと思っています。その理由は、海外の事情を知ることによって、日本のことを相対的に観察できると考えたからです。日本にいては気づけない日本の良さを、海外経験を通じて学びたいです。

ダメ出し ポイント ‖‖

●海外のことを知れば日本を相対的に見られるというのは間違ってはいません。しかし、今回聞かれているのは「留学」についてです。当然ですが、留学は旅行とは違うので、現地で学ぶ必要があります。今回の回答では学問に関することがありません。「それなら旅行をするだけでいいのではないか」とさらに質問される可能性があります。

・・・・ 合格 回答例 ・・・・・・・・・・・・・・・・・・・・・・・・・・・・・・・・・・・・・・・

　私は留学をしたいと思っています。その理由は、私が興味のある金融のことをより深く学べると考えたからです。日本で評価されている金融論は翻訳されたものも多いので、現地で原著をもとに直接学ぶことで理解が深まると考えます。

回 答 の カ ギ

●「留学」は「旅行」とは違うことに注意しよう。
●留学をしたいのであれば、留学を通してどのようなことを学びたいのかを明確にするようにしよう。

学びたい言語は将来の夢と関係するのか。

NG 回答例

　私はフランス語を専門にしたいと考えていますが、将来の夢が定まっていないので、それにフランス語が関係するかは現段階ではわかりません。

ダメ出し ポイント ▌▌▌

●大学入試の際に将来の夢が定まっていないことはあり得ますので、その点はマイナスではありません。ただ、「それならなぜフランス語なのか」と重ねて質問がなされることもあるでしょう。仮に明確に将来の夢が決まっていなくても、将来の方向性とそれとの関係性を示したほうが、面接官としては納得感が出てくるでしょう。

合格 回答例

　私はフランス語を専門にしたいと考えており、将来的にフランス語は生かせると思います。私は映画やマンガなどが好きですが、これらは日本文化としてフランスでも根強い人気を誇っています。将来は世界をまたぐメディアに関わる仕事につきたいと思っているので、フランス語を学んだ経験は生きてくると思います。

回答のカギ

●将来の夢が明確でなくても、方向性は示すようにしよう。
●将来的に言語が生かせることを話せると、面接官としてはポジティブな印象をもてる。

質問 4 異文化交流のために何をすべきと思うか。

NG 回答例

　異文化交流をするためには英語を勉強するべきだと思います。世界で最も話者が多いのは英語であり、英語を話せることてコミュニケーションの幅が広がるからです。会話ができる人が多くなるほど、異文化交流の輪が広がると思います。

ダメ出し ポイント

●異文化交流のためには英語を学ぶことが必要とのことですが、英語を学ぶだけで異文化交流につながるかは疑問が残ります。そもそもこの質問は異なる文化のあいだでの交流がテーマですので、英語だけに重点を置くと回答として視野が狭いものになります。言語に加えて「文化」に焦点を当てて回答すると良いでしょう。

合格 回答例

　異文化交流のためには、言語を学ぶだけでなく、多様な文化にアクセスできることが必要だと思います。多様な文化へのアクセスというのは、国内にある外国の公的な窓口が主催するイベントなどの情報を収集し、積極的に参加できるようにすることです。情報を得るためにアンテナを張ることと、自分から進んで参加することが必要です。

回答のカギ

●異文化交流は言語だけの問題ではないことに注意しよう。
●外国の機関が発信する情報などに敏感であることが交流につながると考えよう。

質問5 最初から海外の大学で学ぶことは考えなかったのか。

NG 回答例

　私は日本文化が好きなので、海外の大学で学ぶことは考えませんでした。日本食などをはじめとして、慣れ親しんだ文化から離れたくないと思いましたし、SNSの情報などから、海外の大学は合わないのではないかと感じたからです。

ダメ出し ポイント

●海外の大学で学ばない理由が「日本文化が好きだから」では、そもそもなぜ外国語学部を志望しているのかが不明瞭になってしまいます。外国に積極的に行ってみたいと考える他の受験生と差がついてしまいますね。また、SNSの情報だけで自分の進路を決めているような印象を与える回答は避けたほうが良いでしょう。SNSの情報には偏りがあることが多いからです。

合格 回答例

　私は日本にいながらにして外国語を学べる貴学の環境に憧れて志望しているため、海外の大学では学ばないことにしました。海外の大学でも学べることは多いと思いますが、まずは学問として外国語やそれにまつわる文化的背景を専門的に学びたいと考え、日本にある貴学を志望しました。

回答のカギ

●海外の大学で学ばない理由を、志望校を選んだ理由につなげると良い。
● SNSの情報だけで判断している印象は与えないようにしよう。

> **質問 6** 多様性を尊重する考え方とはどのようなものか。

NG 回答例

　多様性を尊重する考え方とは、多様な観点から物事を見ることができる考え方のことだと思います。世界のことを理解するには、それぞれの人がもつ事情や背景を理解していることが必要です。そういった見方ができてはじめて、多様性を尊重して物事を考えているといえると考えます。

ダメ出し ポイント

● 「多様性を尊重する考え方」を「多様な観点から物事を見ることができる考え方」と言っていますが、この回答は言葉をやさしい日本語に置き換えただけのように感じられます。あいまいな言葉を用いると、その定義について深く掘り下げられることも考えられます。自分なりの定義をもって答えるようにしたほうが良いでしょう。

合格 回答例

　多様性を尊重する考え方とは、できる限り偏見をもつことなく多様な人と接する姿勢のことだと思います。国と国、グループとグループを分けるような考え方ではなく、同じ人間としてどのような人でも受け入れる態度をもって接し、偏見なく考えることが多様性を尊重する考え方だと考えます。

回答のカギ

● あいまいな概念をあいまいなまま終わらせないようにしよう。
● 言葉の定義は明確にしよう。

NG 回答例

　コミュニケーションとは、自分が接する人に対して、お互いの共通言語で意思疎通ができることだと思っています。また、コミュニケーションにあたっては自分の意見を押しつけることなく、相手の多様な考え方を広く受け入れることが大事だと思います。

ダメ出し ポイント

●コミュニケーションについて、共通言語で意思疎通ができることだとしています。一見問題なさそうですが、それでは共通言語をもっていなかった場合にはコミュニケーションはできなくなってしまいますね。コミュニケーションでは、身振り手振りを交えたもの、すなわちノンバーバル・コミュニケーションも含まれると考えられます。言語だけにとらわれない考え方をしていきましょう。

合格 回答例

　コミュニケーションでは、お互いに相手が何を言いたいのか、何を欲しているのかを理解することが重要だと考えます。相手のことを理解するのには、必ずしも言語が流ちょうに話せる必要はなく、多様な手段で相手を理解しようとする姿勢そのものが問われると考えます。

回答のカギ

●コミュニケーションは言葉だけの問題ではない。
●意思疎通をするには多様な方法があり得ることを意識しよう。

質問 8 英語に自信はあるか。

NG 回答例

　英語には自信があります。これまで英語に関する検定や資格のための勉強をしてきた結果、読み書きはもちろん、リスニングやスピーキングの能力も向上させてきました。この英語力を用いて、英語圏の人々と相互理解を深めたいです。

ダメ出し ポイント

●英語に自信があるかという質問ですが、大体の受験生は、「ある程度自信がある」と答えることが多いです。もちろん英語力が高いのなら問題ないのですが、回答したあとで「では英語で自己紹介をしてください」といった展開になることも予想されます。この場合にうまく対応できるか自信がない場合には、安易に「英語に自信がある」とは答えないほうが良いでしょう。

合格 回答例

　英語はこれまで長く勉強してきましたが、現地で私の英語が通用するかは自信がありません。英語は読む、書く、話す、聞くといった技能だけでなく、相手の文化的背景も考慮して発話する必要があるからです。そのため、今後も学び続けなければならないと思っています。

回答のカギ

●英語は読む、書く、話す、聞く、といった技能だけではないことに注意する。

●面接を英語でできるレベルの自信があってはじめて「自信がある」と言えると考えよう。

テーマ 27 法学部の質問・回答パターン

> 質問1 ▶ 法律を作るときに気を付けるべきことは何か。

NG 回答例

　法律を作るときには、関係する人々に対してヒアリングを行い、その法律に問題がないか丁寧に検証することが重要だと考えます。法律は多くの人々に影響を与えるものですので、それを作るときには慎重になることが必要だと思います。

ダメ出し ポイント

●法律を作るときにヒアリングをすることが重要だとしていますが、法律は多様かつ膨大な人数の人々に影響を与えるものなので、事実上それは不可能でしょう。ヒアリングをするだけでは偏った意見に左右される危険性もあります。そもそも法律は憲法の許容する範囲の中でのみ機能するので、その点を意識したほうが良いでしょう。

合格 回答例

　法律を作るときに気を付けることは、まず日本国憲法に反していないかを慎重に見極めることだと思います。そのうえで、その法律が特定の人々に不当な不利益を強いるものではないか、意図していた効果を上げられるかを検討することが重要です。

回答のカギ

●法律は憲法の範囲内で成立する。
●法律は利害関係者が多いため、作る際には慎重を期する必要がある。

質問 2 何かを決める際には必ずマイノリティが存在してしまうが、
そのことについてどう考えるか。

NG 回答例

　何かを決めるときにはルールを伴いますが、そのルールに適合しない
マイノリティの人々が存在するのは仕方ないことだと思います。少数派
の人々に配慮するのはもちろん大事ですが、そのことばかり考慮すると
何も決められないので、どこかで線引きをすることが重要だと思います。

ダメ出し ポイント

●ルールに適合しない人がいるのは仕方がないことだとしていますが、やや
消極的な考え方だと言わざるを得ません。「仕方ない」という言葉だけで
不利益を被る人が出てくることを許容するのは、多数派に迎合する考え方
だともいえるでしょう。<u>少数派に配慮することも重要</u>です。

合格 回答例

　何かを決めるときにはルールを伴いますが、それに適合しないマイノ
リティの人々に配慮したルール作りが求められるのだと思います。多数
派の人々だけに配慮すると、立場が弱い人にとって不利益が大きくなっ
てしまうからです。マイノリティの人々も許容できるような線引きが必
要だと思います。

回答のカギ

●少数派に対する配慮がルール作りの際に重要になる。
●お互いが納得できる線引きができるようにすることが重要である。

身近な出来事で、規則・ルールに基づいて解決できた事例が
あるか。

NG 回答例

　学校では、クラスの席を1か月に一度入れ替えるのですが、その際
に規則・ルールに基づいて決めるようにしました。具体的には、くじで
自分の席を決めるようにし、クラスの誰にとっても平等になるように配
慮しました。

ダメ出し ポイント

●今回の質問は「解決できた事例」を聞いているので、できれば何かの課題
を規則・ルールで解決した事例を挙げたいところです。クラスの席替えの
事例は、いわば機械的にくじを用いて決めているだけです。そのため、規
則・ルールに基づいて何かを解決したものだとは言い難いものがあるで
しょう。

合格 回答例

　学校の部活動で、受験勉強などのために頻繁に部活動を休む人と、毎
日練習に参加し片付けや備品の手入れをする人とのあいだで、平等では
ないという議論が起こったことがあります。これに対して、部員同士で
話し合い、部活動を休んだ人も週に1回は備品の手入れをするという
ルールを新たに作ることで解決しました。

回答のカギ

●「機械的な処理」と「ルール」は、それを話し合って決めたかで区別
　されることが多いので注意しよう。
●関係する人々で話し合った経験があるか、棚卸しをしておこう。

質問 4 ▶ 法治主義と法の支配の相違点は何か。

NG 回答例

　法治主義とは法律で社会を治めることであり、法の支配は、法律をもとにして行政活動を実行することだと考えています。どちらも重要な概念ですが、法律というルールがないと社会が混乱してしまうので、法治主義に基づくことが先決だと思います。

ダメ出し ポイント

● 「法治主義」とは、「法律の根拠さえあれば人権の制限も容認されるような、形式主義的な考え方」であり、「法の支配」とは、「国家権力そのものが暴走しないように法によってその権力を制限すること」を指します。そのため、この回答では定義そのものが間違っているので評価としては低くなってしまうでしょう。

合格 回答例

　法治主義と法の支配とは、手続きを重視するのか、それとも何を法で制限することに重点を置くのかという点で異なります。法治主義では、手続き的に正しければどのような法律でも成立します。一方、法の支配では、専断的な国家権力の暴走を法によって制限するという意味合いがあります。後者のほうが現代では重要だと考えます。

回答のカギ

● 基本的な用語については正しい理解が必要である。
● 知らない場合は正直にわからないことを伝えたほうがベター。

NG 回答例

　高校まで義務教育とすべきてないと考えます。その理由は、中学校を卒業した段階て就職や家業を継ぐなどといった進路選択ができなくなるからてす。私の友人も中学卒業後にすぐ働き始めましたが、充実した生活を送っています。

ダメ出し ポイント

● 進路選択の幅が狭まるという点では、回答の前半で述べていることは間違ってはいません。ただ、友人について話す後半部分は、自分の主張の根拠にあたる部分だと思われますが、これは一例を挙げたにすぎず全体にあてはまるものではないので、妥当な例とはいえないでしょう。

合格 回答例

　高校まで義務教育とすべきだと考えます。その理由は、直近の高校への進学率は 98 ％前後で推移しており、事実上ほぼすべての国民が高校に進学しているのが現状だからてす。高校まで義務教育とすれば授業料などが原則無料となり、多くの世帯にとって負担が軽減されることになると思います。

回 答 の カ ギ

● 自身の主張の根拠は、誰もが納得できるものにしよう。
● 自分の身の回りの事例だけを理由や根拠にすると、聞いている側としては納得しづらい部分がある。

質問 6 ▶ いじめの問題解決に法はどれだけ関与し得るか。

NG 回答例

　いじめの問題解決には法は関与すべきでないと考えます。なぜなら、いじめの問題は教育現場で成長途上の子どもたちのあいだで起きるものであり、法による対処はなじまないからです。法はあくまで物事の道理を理解できる年齢の人に対して関与するべきものだと考えています。

ダメ出し ポイント

●いじめの問題解決には法は関与すべきでないとしていますが、この回答は現状の認識が甘いと思われる可能性があります。現在、いじめの問題は深刻化しており、たとえ子どもたちのあいだで起きるものであっても、脅迫や暴力などがあった場合には厳正に対処すべきだという意見があります。「子どもだから」という理由で問題を見過ごしていると大きな問題に発展しかねないため、法の関与は認めるべきでしょう。

合格 回答例

　いじめの問題解決において、法は大きな役割を果たすことが可能だと考えます。子どもたち同士のことであったとしても、それが脅迫や暴力にエスカレートする例は多くあります。そういった場合に法をもって厳正に対応することは、被害を受けた子どもへの救済にもなるはずです。

回答のカギ

●教育現場にも法は関与し得ることを意識しよう。
●いじめの問題では暴力などを伴うこともあるため、厳正な対処が必要な場合がある。

第**1**章　面接のための準備

第**2**章　志望理由書のまとめ方

第**3**章　頻出質問・回答パターン

第**4**章　系統別面接実例

質問 7 ▶ 少年犯罪は厳罰化すべきか。

NG 回答例

　少年犯罪は厳罰化すべきだと思います。少年だからという理由で罪に問われなかったり、軽い処罰で済んでしまったりするのは納得がいきません。きっと少年犯罪の被害者やその家族は加害者の少年を許せないと思っているはずなので、厳罰化すべきだと考えます。

ダメ出し **ポイント**

●少年犯罪の厳罰化について、推進の立場をとっています。この質問の場合は推進か反対かのどちらの立場をとっても問題はありません。ただ、今回の回答では、「納得がいきません」というような、感情論に流れてしまっています。法学部を目指す受験生としては、感情論で語るのではなく、なぜそれが問題なのかを理由や根拠をもとにして論じたいところです。また、被害者側の方々について、推測でものを語るのは避けましょう。

合格 回答例

　少年犯罪は厳罰化すべきだと考えます。なぜなら、刑罰を厳しくすることは、犯罪に対する抑止力になり得るからです。確かに少年は更生の可能性があるので過度な厳罰化は避けるべきですが、抑止力としての厳罰化を行う方向性は間違っていないと思います。

回答のカギ

●特に法学部の面接では論理的に回答するように心がけよう。
●刑罰は罰するだけでなく、犯罪の抑止につながる。

質問 8 現在の裁判の問題は何か。

NG 回答例

　現在の裁判の問題は、国民から遠い存在だと思われていることだといえます。裁判は司法制度に関わるものですが、自分には関係ないことだと思われることにより、どのような改善点があるのかということも社会的に議論されないことが問題だと思います。

ダメ出し ポイント ▍▍▍

●かなりいい線をいっている回答です。国民から裁判自体が遠い存在だと思われているのは妥当ですので、回答としてはおおむね問題ありません。ただ、できれば制度上の問題点まで具体的に挙げることができればより良い回答になったのではないでしょうか。

合格 回答例

　現在の裁判の問題は、国民から遠い存在だと思われていることだといえます。裁判は司法制度に関わるものですが、どのような改善点があるのかということも社会的に議論されることは少ないです。改革として裁判員制度も導入されましたが、実質的にはそれによって裁判が身近になったかは疑わしいと思います。制度上の改革や啓発が望まれると考えます。

回答のカギ

●抽象論で終わらず、具体的な事例などを挙げると説得力が増す。
●裁判や政治など、法に関わる制度と国民の意識について調べておこう。

経済学部の質問・回答パターン

質問1 日本の景気はこれからどうなると思うか。

NG 回答例

日本の景気は、これからは悪化すると考えています。現状の日本社会は少子高齢化が進んでおり、働ける年齢の人口が少なくなります。同時に「発展途上国」と呼ばれていた国々が発展し続けているため、日本は経済的に豊かとはいえない状況になると思います。

ダメ出し ポイント

● 日本の景気の見通しに関する質問です。経済学は社会科学の一部であり、正しい現状認識や事実に基づく推論が欠かせません。この回答では、前半は労働力の減少を意味しますから、景気に関わりますので妥当です。一方、後半の部分では発展途上国とされていた国々が発展するために日本は豊かとはいえなくなるとしています。それは日本の景気と直接関係のあるものではありません。理由がずれたものになっているので、説得力を欠く回答になってしまっています。

合格 回答例

日本の景気は悪化する可能性が高いと思います。現状では少子高齢化により労働力が減少するとともに、モノやサービスを購入する層も少なくなるからです。

回答のカギ

● 理由が主張からずれないように注意しよう。

質問 2 ▶ あなたの出身地の経済の課題と解決策は何か。

NG 回答例

　私は九州の地方都市の出身ですが、経済の課題は若年層を中心として東京などの都心部に流出し、購買力が落ちていることだと思います。これを解決するためには、これまでより多くの人に対して各社の商品やサービスをアピールし、需要を喚起することが重要だと思います。

ダメ出し ポイント

●都心部に若年層が流出しているという現状認識は妥当と思われます。ただ、解決策が、多くの人に各社がアピールして買ってもらうという非常にあいまいなものになっているのが気になります。商品やサービスをアピールするにも広告宣伝などに資金が必要です。そういったことを考慮していない精神論の域を出ない回答になっているといえるでしょう。

合格 回答例

　私は九州の地方都市の出身ですが、経済の課題として、若年層の都心部への流出が挙げられます。これにより購買力のある人々が地元を離れていき、経済が停滞しています。解決策として、Uターン就職をした人には税の減免措置をとるなどというものが挙げられると考えます。

回答のカギ

●精神論で社会事象の解決策を語らないようにしよう。
●システムで課題を解決するよう心がけよう。

質問3 日本社会における格差についてどう思うか。

NG 回答例

　日本社会は諸外国と比べて格差の少ない社会だと考えています。街行く人を見ても身だしなみや服装に格差は感じません。また、格差というのは主観的に感じるものとも言えるので、日本の人々は周りとの比較をしがちなのではないでしょうか。

ダメ出し ポイント

●日本社会には格差が少ないという回答ですが、これは現状認識が甘いと言わざるを得ません。現代の日本には所得格差などの経済格差や、保護者の経済力に起因する教育格差、また居住する地域によって所得が異なる地域間格差、学歴によって就職などに差が出る学歴格差など、多くの格差が存在しています。

合格 回答例

　日本社会には多様な格差が存在していると思います。たとえば経済格差や教育格差、地域間格差などが挙げられます。これらは構造的な問題でもありますが、政策上の措置や経済状況の好転により解決できる部分が大きいと考えています。

回答のカギ

●経済社会を語るときには事実に即して話そう。
●現実社会に関する認識をアップデートすることが重要。

質問 4 AI と経済とのこれからの関連性について考えることはあるか。

NG 回答例

　AI はこれから経済の分野にも活用されると思います。AI は事務処理能力に長けているので、これまで人が行っていた作業を代わりに行う可能性が高いです。そうすると事務職として勤務していた人の仕事を奪ってしまうので、私は大変危機感をもっています。

ダメ出し ポイント ▐▐▐

● AI は確かに経済分野に活用されることは間違いないですが、それで仕事が「奪われる」という表現をするのはやや極端に感じられます。これまでの歴史を考えても、人間は様々な道具や機械を導入することにより発展してきたのであり、それに応じて人間も働き方を変えてきました。それを考えると、「危機感」というよりもむしろ「どのように AI を使えば効率が良くなるか」といった前向きな考え方をしたほうが建設的ではないでしょうか。

合格 回答例

　AI はこれから経済の分野にも活用されると思います。AI は極めて速いスピードで進化するので、それをいかに活用するかによって、企業が成功するかどうかが決まってくると思います。業務を効率化し資源の最適配分をするのに AI は極めて重要な役割を果たすと考えます。

回答のカギ

● AI は一概に「脅威」とは言えないことに注意しよう。
●なるべく建設的な方向で回答をすることが重要。

質問5 女性が働きやすい環境を整えるにはどうするか。

NG 回答例

　女性が働きやすい環境を整えるには、職場で周りの理解を得ることが必要だと思います。同僚や上司といった人々が、どのような人でも働きやすい環境を整えることで、女性も働きやすくなるのではないかと考えます。

ダメ出し ポイント

●職場の理解を得る、という点で、「誰が」「どうやって」理解を得るよう努力するのかがわかりません。周囲の人々の善意に任せているようにも感じられるため、実質的な解決策を述べているとは言い難いでしょう。また、どのような人でも働きやすい環境があれば女性も働ける、というのは確かに正しいですが、具体的な方法を述べていない点で、自分なりの考えがないと判断される可能性があります。

合格 回答例

　女性が働きやすい環境を整えるには、現状の育児休暇制度を充実させることや、社内に託児所を設置すること、加えてベビーシッターの利用などに対する補助制度を創設したり拡充したりすることが重要だと考えます。それにより子育てをしながらでも働ける環境が整うと思います。

回答のカギ

●様々な意味にとれる言葉でごまかさないようにする。
●具体的な対策を述べなければ、問題の解決策とはいえない。

質問 6 発展途上国に対して日本からできる支援は何か。

> **NG 回答例**
>
> 日本は発展途上国に対し、橋や港湾などのインフラを整備する資金を拠出することで支援することができると思います。発展途上国ではインフラが脆弱(ぜいじゃく)な部分もありますので、それを補うことが国際貢献になると考えます。

ダメ出し ポイント

●インフラの点だけに焦点を当てて回答していますが、本当にそれだけでしょうか。発展途上国に対する支援として、基本的には「ハード面」と「ソフト面」に分けることができます。「ハード面」はインフラ整備などの土木・建設に関するものが中心で、「ソフト面」は人的支援や技術の伝達などが中心です。この２つの面から述べたほうが良かったでしょう。

> **合格 回答例**
>
> 日本から発展途上国にできる支援として、土木建設などのインフラをはじめとしたハード面での支援、また人的な交流や、医療技術、建築技術などの技術の伝達をはじめとしたソフト面での支援が挙げられます。支援の対象国のニーズに合わせた支援が必要です。

回答のカギ

●他国への支援には、ハード面とソフト面の両面がある。
●一面的な支援ではなく、その国が必要とするものを提供することが重要。

質問 7 日本は人口減少に伴って経済規模の縮小は避けられないが、どう考えるか。

NG 回答例

　日本の経済規模の縮小のなかで、日本に住む人々は身の丈に合った生活をしていくしかないと思います。今までのような、先進国のなかでも経済規模が大きい状態は維持できないため、質素な生活を心がけ、国家として生存する方法を模索するべきだと考えます。

ダメ出し ポイント

●「身の丈に合った生活」は、個人レベルでは許容されるべきものです。ただ、国家レベルで考えた場合に、先進国から脱落しても仕方がないとする考えはあまり歓迎されるものではないでしょう。資本主義社会である限り、利潤を求めることが重要視されます。現代の経済学は資本主義をベースにしていますから、たとえ経済規模の縮小は避けられないとしても、そこからの活路を見出す方法を模索するのがあるべき姿ではないでしょうか。今回の回答ではネガティブに捉えすぎているように思われます。

合格 回答例

　経済規模の縮小は避けられないですが、日本独自の技術や知的財産を有効に活用することで、世界におけるポジションは維持できますし、そうすべきだと考えます。これまでに蓄積した知的財産により、日本が各国と独自の関係性をもつことが可能になると思います。

回答のカギ

●経済学部を志望している以上、利潤の追求を目指した態度をとろう。
●未来に対してはポジティブに評価するようにしよう。

質問 8 高校の地理歴史・公民の授業で印象に残っていることはあるか。

NG 回答例

　日本史の授業で、これまで常識だと考えていたことが本当は違うかもしれない、ということを先生からお聞きしたことが印象に残っています。鎌倉幕府の成立時期がかつて教えられていた年代とは違うなど、歴史の研究により常識は変わり得ることに衝撃を受けました。

ダメ出し ポイント

●回答していることは間違いではないですが、経済学部の受験生としては別のことに対する興味関心をもってもいいのではないかと面接官から感じられるかもしれません。確かに歴史認識によってこれまでの常識は変わることがあります。ただ、経済に関することを述べることができれば経済に関心を寄せていることがわかるため、面接官に好印象をもたれる可能性が高まります。

合格 回答例

　歴史や公民の授業を通して、税金の徴収方法や、それに対する考え方が時代により変わっていることが印象に残っています。時代だけではなく国が違えば税制も変わるように、それぞれの国や文化、時代が有する背景により、税に対する意識が変わることを知ることができました。

回答のカギ

●なるべく経済に関係する話題を述べるようにしよう。
●経済以外の話題を述べるしかない場合は、それを話す必然性をアピールするようにしよう。

テーマ 29　商学部の質問・回答パターン

質問 1　経済学部と商学部で学ぶことの違いは何か。

・・・（ NG 回答例 ）・・・

　経済学部で学ぶのは、世界規模での経済がどうなっているかということだと考えています。それと比べて、商学部で学ぶことは、日本に限定されており、規模としては比較的に小さい範囲で考えることが多いと思っています。

ダメ出し ポイント

●経済学部と商学部で学ぶことを取り違えています。経済学部では、「家計・企業・政府」のあいだでのお金の流れを考えるとともに、個人の経済活動（ミクロ経済学）と国家全体での経済活動（マクロ経済学）を考えるようになっています。一方、商学部では「企業」について学ぶことになっており、企業の大小には関係なく、どう資金を調達するかということや、自社の製品をどう消費者に届けるかを考えます。

・・・（ 合格 回答例 ）・・

　経済学部では、家計・企業・政府の三者間でのお金の流れを学ぶとともに、個人レベル及び国家レベルでの経済活動を考えます。一方商学部では、企業を軸にして、その大小とは関係なく経済活動について考えます。

回 答 の カ ギ

●経済学部と商学部で学ぶことについて混同しないようにしよう。

質問 2 ▶ 企業経営とはどのようなものだと思うか。

NG 回答例

　企業経営とは、自社の製品やサービスを社会に提供し、利益を得ることだと思います。世の中には様々な企業がありますが、根本的にはモノを売るかサービスを売るかのいずれかです。何をどのように売って利潤を得るかが企業経営だと考えます。

ダメ出し ポイント

●質問では「企業経営」のことについて聞かれているのに、回答では「企業そのものの定義」について語っていますね。質問の意図は、経営とはどのようなものと考えているかを聞くところにあるので、この回答では中心となるテーマにズレが生じてしまっています。経営することや、経営者になることを自分の言葉で語りましょう。

合格 回答例

　企業経営とは、その時々の社会情勢や国際的な潮流を読んだうえで、市場が求めるモノやサービスを提供するよう組織をマネジメントすることだと思います。企業には従業員をはじめ多くの関係者が存在するとともに、自然環境や社会貢献にも目を配る必要があるため、企業経営は責任の重いものだと考えます。

回答のカギ

●企業経営は基本的に周囲の人々をマネジメント（管理・指導）することである。
●企業経営には大きな責任が伴うことを意識しよう。

質問 3 企業に自分を採用してもらうにはどうするか。

NG 回答例

　企業に私を採用してもらうには、自分の優れた点を伸ばす一方で、弱点となっている部分を克服したり他の要素で補ったりすることが必要だと思います。企業で活躍する人材となるためにも、まずは自分のことを十分に理解することが重要です。

ダメ出し ポイント

●自分自身のことを理解することは完全に間違いというわけではないのですが、今回の質問の趣旨は、「企業に自分を採用してもらうにはどういったことに気を付けるか考えたことはあるか」を試すところにあります。そして、企業ごとに求めている人材は異なっていることに注意が必要です。周囲からどんなに優秀と思われる人でも、その企業とのマッチングがうまくいかなければ不採用となります。企業と自分自身の両方の分析が必要でしょう。

合格 回答例

　企業に自分を採用してもらうには、まずは、その企業が現在どのような課題を抱えているか、どういった人材を求めているかを知ることが先決だと思います。そして、自分が入社した場合にメリットを会社にもたらし、長く働いてくれると企業から確信してもらえることが必要です。

回答のカギ

●企業への就職は人材と企業とのマッチングで決まる。
●相手（＝企業）が求める人材であるか、自己分析が必要。

質問 4 興味のある経営学の分野は何か、またその理由は何か。

NG 回答例

　私が興味をもっているのはマーケティングの分野です。社会で起こっているムーブメントについて分析し、そのなかで企業がどのような動きをしているかを観察したいです。マーケティングを通じて世の中の流れに敏感になっていきたいと思います。

ダメ出し ポイント

●興味のある分野として「マーケティング」を挙げたのは問題ありません。ただし、用語の理解にやや難があります。そもそも「マーケティング」とは「商品やサービスが売れる仕組みを作ること」であり、すでに起こっているムーブメントや社会の流れとは別のものだからです。また、質問で求められている「理由」について触れていないので、その点もマイナス要素になります。

合格 回答例

　私が興味のある分野はマーケティングです。マーケティングのなかでも広告戦略論に興味があります。マーケティングとは商品やサービスが売れる仕組みを作ることですが、広告の形で社会に訴えかけ、ムーブメントを起こして会社の利益にもつながる点に興味をもったからです。

回答のカギ

●自分が興味のある分野や用語の意味は正確に理解しよう。
●質問が求めることを正確に把握することが重要。

質問 5 あなたにとっての「豊かさ」とは何か。

NG 回答例

　私にとっての「豊かさ」とは、毎日を不自由なく過ごせることです。世の中はモノやサービスにあふれていますが、それをすべて把握することは不可能です。そのため、自分なりの生活において必要な最低限のものだけに囲まれて暮らすのが「豊かさ」だと思います。

ダメ出し ポイント

- 回答で述べていることは誤りではないのですが、商学部の面接の回答としてふさわしいかというとやや疑問です。商学部では企業活動を中心として社会を観察します。社会でどのような企業活動がなされているかを知ることは当然です。その点で、モノやサービスを把握する意欲が見えない今回の回答は不十分と言わざるを得ないでしょう。

合格 回答例

　私にとっての「豊かさ」とは、自分にとって必要なものを取捨選択し、生活に取り入れつつ、毎日に悔いがないよう生きられることだと思います。モノやサービスを選ぶときには他の選択肢を捨てることになりますが、その際に十分な情報をもとに判断できるようになりたいです。

回答のカギ

- 抽象的な質問に答えるときには、学部の特性に寄せて回答するのがベターである。
- その学部が求めている人間像であることをアピールしよう。

質問 6 ▶ 環境問題や格差問題は経営学によってどのように解決できるか。

NG 回答例

　環境問題や格差問題は、企業が社会貢献活動の一環として行う活動を通して解決できると考えます。そしてどのような活動をすればより効果的に解決できるかについて、経営学は貢献できます。つまり、企業がもつ資源の最適配分を経営学の観点から考察することにより、環境への負荷や格差というものの解消を目指せると考えます。

ダメ出し ポイント

●企業の社会貢献活動により環境問題などが解決できるとしていますが、はたしてそうでしょうか。企業はあくまで利潤の追求が目的であり、社会全体のために存在しているわけではありません。そのため、企業の自助努力をメインにするのは良い解決策とはいえないでしょう。経営学では、利潤の追求という企業の目的を逆手にとり、社会問題に関心のある株主からの要求に応じて問題を解決するという考え方もあります。

合格 回答例

　環境問題や格差問題は、それらを解決しようとする社会起業家によって解消し得るものだと考えます。経営学としては、どのような仕組みづくりをすれば課題解決に至るのかということに関する知見を蓄積することで貢献できると思います。

回答のカギ

●企業は利潤の追求をするための存在だと考えよう。
●社会課題を解決することを目的とする社会起業家も重要。

質問7 企業において残業はやむを得ないか。

NG 回答例

　企業では残業はやむを得ないと思います。残業するということは、定められた時間に比べて業務量が多いということです。社会が複雑化している現代では、多様な関係者とのやり取りに追われ、業務量が増大しているので、残業することも当然だと思います。

ダメ出し ポイント

●確かに現代の日本でも残業は多くの企業で存在しています。ただ、管理職には残業しても手当てが出ないことが問題になったり、雇用形態によっては残業の有無が異なったりします。また、日本における残業は生産性の低さの象徴ととられることもあるので、できればなくす方向で回答したいです。

合格 回答例

　企業において残業はある程度はやむを得ないとしても、大幅に減らせると考えます。近年はAIなども発達し業務の効率化が図られています。残業をなくすための努力は日本の労働生産性を高めることにもつながりますので、残業は今後減っていくようになると思います。

回答のカギ

●残業はそもそも当然のものではないと考えよう。
●業務効率の改善などにより残業を避けられないかという観点で考察しよう。

質問 8 将来就きたい仕事は何か、経営学はその仕事に生かせるか。

NG 回答例

　将来私はコンサルタントになりたいと考えています。コンサルタントは企業の課題解決のサポートをする存在です。経営学を学んでおくことにより、その企業の課題が明確にわかるはずなので、コンサルタントの仕事に経営学は生かせると考えます。

ダメ出し ポイント

●コンサルタントといっても、企業課題を解決する戦略コンサルタントや、会計の面でサポートする会計コンサルタントなどの種類がありますので、できれば明確にしたほうが良いでしょう。また、企業課題といっても、その企業ごとに置かれた環境や風土が違うため、経営学を学んだからといってすぐに生かせるわけではないのが実情です。

合格 回答例

　将来私は企業の課題を解決する戦略コンサルタントになりたいと考えています。企業が抱える課題は多様で、様々な条件によって制約されています。ただ、そこにおいても経営学という一般原則を思考の出発点として課題解決を目指せる点で、経営学は生かせると思います。

回答のカギ

●自分のなりたい職業がある場合、面接で質問されても大丈夫なように詳細に調べておこう。
●学問は一般原則であり、個々の事例を考える際にそのまま適用できるわけではないことに注意しよう。

第**1**章 面接のための準備

第**2**章 志望理由書のまとめ方

第**3**章 頻出質問・回答パターン

第**4**章 系統別面接実例

テーマ30　医学部の質問・回答パターン

> **質問1**　「地域医療」とは具体的にどのようなものか。課題と対策はあるか。

NG 回答例

　「地域医療」とは、医療機関の乏しい山間部などのへき地における医療のことです。課題は、へき地医療に携わる医師が相対的に少ないことです。対策は、へき地医療のための医師を増員することです。

ダメ出し ポイント

● 「地域医療」の定義は「病院などの医療機関での治療といった枠組みにとらわれずに、地域住民の健康を支えていく体制」のことであり、必ずしもへき地での医療に限定されるものではありません。「地域医療」は面接では頻出のテーマなので、定義は明確に覚えておきましょう。また、対策として、へき地医療のための医師を増やすこととしていますが、そもそも何らかの理由があってへき地に医師が集まらないのですから、回答として成り立っていません。

合格 回答例

　「地域医療」とは「病院などの医療機関での治療といった枠組みにとらわれずに、地域住民の健康を支えていく体制」のことです。課題として医療従事者の減少が挙げられます。対策として、在宅医療の推進や遠隔医療の拡大があると考えます。

回答のカギ
●頻出用語は正確に覚えよう。

質問 2 ▶ ストレス発散法はあるか。ある場合、具体的な方法は何か。

NG 回答例

　私はストレスを感じることがほとんどないため、ストレス発散法を意識したことはあまりありません。

ダメ出し ポイント

●この質問は、現状として労働時間が長く精神的にも負荷の大きい医師の業務を遂行するにあたり、ストレスを発散する自分なりの方法をもっているかを探ろうとしています。回答ではストレスはほとんど感じないとしていますが、医師になれば今とは比べものにならないストレスがかかります。些細なもので構わないので、ストレスの発散法は自分の中にもっておきましょう。

合格 回答例

　私はストレスを発散するために、一人で映画館に行って映画を見ることがあります。映画そのものも、難解なものではなくストーリーがわかりやすく楽しめるものを選ぶようにしています。それにより、たまっていたストレスを忘れることができます。

回答のカギ

●医師にはストレスはつきものなので、ストレス発散法は答えられるようにしておこう。
●ストレス発散法はすぐにできることで問題ない。

第1章 面接のための準備／第2章 志望理由書のまとめ方／第3章 頻出質問・回答パターン／第4章 系統別面接実例

質問 3 ▶ 医療現場で医師が患者から求められる配慮とは何か。

NG 回答例

　医療現場では、患者さんに対して手早く診断や処置をして、関わる時間を少なくすることが必要な配慮だと思います。医師との時間は患者さんにとって苦痛を伴うものにもなりえるので、なるべく接する時間を少なくし、患者さんの自由な時間を増やすことが重要だと考えます。

ダメ出し ポイント ‖‖

●患者と関わる時間をできる限り少なくすることが配慮になるとのことですが、一概にそうとも言い切れないでしょう。たとえば精神的に弱っている患者は、医師から寄り添ってほしいと感じるかもしれません。もちろん、処置の時間などを無駄だと考え、時間を節約したいと考える患者もいるでしょう。要は患者ごとに感じ方や考え方が違うため、それを察して患者ごとに適した接し方をすることが大事なのではないでしょうか。

合格 回答例

　患者さんに対しての配慮として、その患者さんの価値観や置かれている状況を察して、それらに見合った対処をしていくことが考えられます。医学的処置に加え、患者さんごとの特性に合った対応が求められます。

回 答 の カ ギ

●医療においては患者を尊重することが重要である。
●患者によって感じ方や考え方が違うことに留意しよう。

質問 4 臨床医と研究医はまったく別のものか、つながりがあるか。

NG 回答例

臨床医と研究医は別のものだと思います。臨床医は実際の医療現場で患者さんと接し、治療を行います。一方、研究医は医学のための研究を行っているため、実際の患者さんと接することはありません。ですから、両者は別のものだと考えます。

ダメ出し ポイント

●臨床医と研究医は別のものとしていますが、つながりがまったくないわけではないため、回答としては誤りを含んでいます。そもそも「臨床医」とは患者に接して病気の治療や予防するにあたってのいろいろな指導を行う医師のことで、大学病院や総合病院に勤めている場合や、開業医として医療を実践している場合もあります。一方、「研究医」とは大学などで医療に関しての研究を担当する医師のことを指します。一見つながりはなさそうですが、研究医の研究成果が臨床医の治療に生かされるという点だけでもつながりはあるといえるでしょう。

合格 回答例

臨床医と研究医はつながりをもつものだと思います。臨床医は医療現場で患者さんに治療や予防を行いますが、その治療や予防の知見は研究医の研究から生まれたものだからです。両者の存在があってはじめて医療が成立するのだと考えます。

回答のカギ

●「臨床医」と「研究医」の違いをおさえよう。
●医学は研究が基礎にあることを覚えておこう。

質問 5 「シンギュラリティ（技術的特異点）」を迎えたあとの医療現場への影響、利点・欠点についてどう考えているか。

・・・・（ NG ）回答例 ・・・・・

　シンギュラリティを迎えたあと、医療現場に AI が活用されることが多くなると思います。利点としては医師の負担を減らせることがあります。欠点としては、AI の導入には資金が必要なので、医療機関によって差が出る点があります。

ダメ出し ポイント ‖‖

● 「シンギュラリティ（技術的特異点）」とは <u>AI が人間の能力を超える段階に至ることを表す言葉</u>です。シンギュラリティのあとは AI が人間の脳を超えることになります。医療現場では、画像診断や症例検索などで AI が使われ、ヒューマンエラー防止にもつながる利点があります。ただ、それに基づいた治療でミスがあった場合に誰が責任をとるのかわからないという欠点もあります。<u>回答は資金面に注目していますが、シンギュラリティとは別の問題なので論点がずれています</u>。

・・・・（ 合格 ）回答例 ・・・・・

　シンギュラリティを迎えたあと、医療現場に AI が活用されることが多くなると思います。利点として、画像診断や症例検索、薬剤の組み合わせが正確かつ迅速にできることが挙げられます。欠点として、AI の判断に依存した医療が患者さんに不利益を生じさせたときの責任の所在が不明であることがあります。

回 答 の カ ギ

● AI と医療の関係を確認しよう。
● 論点のずれた回答をしないよう気を付けよう。

質問 6 先進国と途上国の医療格差をどう認識しているか。

NG 回答例

先進国と発展途上国では、医療用の器具や薬剤の量や質の面で格差があると思います。たとえば感染症が蔓延した際も、医療用の防護服を医療関係者がもっているかどうかが重要ですが、途上国ではそういったものが不足しています。

ダメ出し ポイント

●確かに先進国と途上国とでは医療用器具や薬剤の面で格差があります。例として感染症を挙げたのも間違ってはいません。ただ、「格差」は器具や薬剤の面だけでしょうか。そもそも医師や看護師などの人数が不足しているとか、医療施設が十分に整備されていないとか、国民に医学に関する基本的な知識が普及していないとか、多くの格差がありそうです。こういうときはハード面とソフト面に分けて考えると楽になります。

合格 回答例

先進国と途上国では、ハード面とソフト面の両方で格差があると思います。ハード面では、医療施設などのインフラ整備、また医師や看護師など医療従事者の人数などの点で差があります。またソフト面では、健康に関わる知識が十分に市民に知られていなかったり、医学の知識が医療従事者のあいだでも共有されていなかったりすることが挙げられます。

回答のカギ

●要素が多いときはハード面とソフト面の両方で考えよう。
●論点を狭めすぎないようにしよう。

高齢社会において生じ得る医療の課題は何か。

NG 回答例

　高齢社会においては当然のことですが高齢者が急激に増加していき、高齢化に伴って、発症リスクが高くなる認知症やがん、骨粗しょう症などの患者も増えていきます。高齢社会の医療の課題はこういった病気に対して医療資源を割かざるを得ないことだと思います。

ダメ出し ポイント

●高齢になるにつれて認知症などの発症リスクが高まるのはその通りです。また、高齢者の割合とともにその人口も増えるため、認知症などの治療に医療資源、つまり医療従事者や医療費が割かれることは課題として挙げて良いでしょう。ただし、高齢社会では少子化及び生産年齢人口割合の減少も生じていることも考えるべきです。つまり、医師となる人材の枯渇、国家全体の医療費の減少は避けては通れません。その点も含めると多面的な回答になったでしょう。

合格 回答例

　高齢社会において生じ得る医療の課題は、認知症などの高齢化に伴う病気の増加と、それに対応するための医療資源が莫大になることです。また、高齢化とともに進行する少子化により医師や看護師が減少することや、国家として医療費が膨れ上がることも課題として挙げられます。

回答のカギ

●高齢社会の裏には少子化が存在する。
●多面的な視点で問題を観察しよう。

> **質問 8** ▶ 医師は激務だが、体力に自信はあるか。

NG 回答例

　これまでに運動部に入ったこともないので体力は人並みだとは思いますが、患者さんのために尽力するという精神でがんばりたいと思います。

ダメ出し ポイント

●質問は「体力に自信はあるか」ということなので、まずは「あります」と答えたいところです。運動部に入っておらず日常的に運動をしていなかったり、受験勉強に時間が割かれて体力が落ちていたりするとは思いますが、ここは自信があると答えたほうが無難です。また、精神力で補うと回答していますが、精神論で押し切るのは危険でしょう。そこまで人間が強くないことは面接官も知っています。大学入学後も体力増強に努め、医師の業務に耐え得る体力をつけていきたいなどとしたほうが良いでしょう。

合格 回答例

　体力には自信があるほうだと思っています。もちろん、医師になってからはハードワークが続くと思います。そのため、貴学入学後は継続的に運動することにより、体力をつけることにも努めていきたいと思います。

回答のカギ

●体力は「自信がある」と答える。
●体力をつけるためにどうするのかを考えておくと良い。

テーマ 31 歯学部の質問・回答パターン

質問1 歯科医師の飽和についてどのように考えているか。

NG 回答例

　近年は歯科医師があまりに多すぎると思います。開業している歯科医師も多く、患者さんもどの歯科医院を選べばいいのか戸惑うのではないでしょうか。

ダメ出し ポイント

●この回答では「自分の感想」を述べただけにとどまっています。今回の質問の意図には、歯科医師の飽和に対して制度上何か変えるべき部分はあるかということも含まれていると思われます。また、歯学部を目指すのは歯科医師を目指すのと実質的に同義ですから、歯科医師を志す者としての意見がほしいところです。

合格 回答例

　近年歯科医師が患者さんの需要を超えた人数に達しているという考えがあります。歯科医師は口腔ケアの専門家ですが、口腔ケアの分野は多岐にわたり、多くの専門性が見出せるはずです。そのため、医師のように専門医制度などを充実させることで、患者さんにもわかりやすくなると思います。

回答のカギ

●「自分の感想」だけを述べないように気を付けよう。
●質問の意図を読み取ることが重要。

質問 2 虫歯率を下げるために具体的にすべきことは何か。

NG 回答例

　虫歯率を下げるためには、個人が口腔ケア、特に歯のブラッシングをこまめに行うことが重要です。歯のブラッシングを幼い頃から習慣化することで、虫歯になりにくい生活習慣が確立できると考えます。

ダメ出し ポイント

●解決策を個人の努力に任せてしまっている点がマイナスです。確かに歯のブラッシングが習慣化すれば虫歯率は減るでしょう。しかし、それができない家庭もあります。また、高齢のため自力で歯のケアができない人もいるはずです。個人に頼るのではなく、システム上の課題として考えましょう。

合格 回答例

　虫歯率を下げるためには、学校や企業における歯の定期健診が必要だと思います。学校での歯科検診を充実させるとともに、社会人が受ける人間ドックにも歯の検査を盛り込むことが必要です。また、自力で口腔ケアができない方の歯への対処法を周知することも重要です。

回答のカギ

●個人の努力に任せずシステムとして考えよう。
●自力で体のケアができない方を含め、マクロな視点で物事を見よう。

質問 3 ▶ 医科ではなく歯科を志望する理由は何か。

ダメ出し ポイント ‖‖‖

●この回答では「医師になる自信がなくなったから歯科医師を目指した」という趣旨になっていますが、面接官に<u>学力などの問題で消極的に歯学部を志望したのではないか</u>と感じられるかもしれません。医師は無理だが歯科医師ならできるだろう、という考えは安直ですし、歯科医師としての適性があるかも不透明になります。<u>積極的に歯学部を選択した理由を述べたい</u>です。

回答のカギ

●志望理由に必要なのは積極的にその進路を選んでいる姿勢。
●歯科医師は工具を用いるため手先の器用さが必要なことを覚えておこう。

質問 4 高齢社会において生じ得る歯科医療の課題は何か。

NG 回答例

　高齢社会では高齢者の割合が高くなります。高齢者は自分で歯を大切にしようとする意志が弱かったり、そもそもそういった習慣がなかったりします。そのため、高齢者に対して歯の大切さを啓発していくことが課題になります。

ダメ出し ポイント

●高齢者は歯を大切にする意志が弱く、習慣がない場合もあるとしていますが、これは自身の推測にすぎません。本当に意志が弱いのか、また歯を大切にする習慣がないのか、統計上のデータなどがあれば別ですが、この回答を読んだ限りではないように思われるため、決めつけになってしまっています。<u>自分の主観で決めつけるのではなく、面接官が聞いて納得できるような客観的事実を答えるよう心がけましょう。</u>

合格 回答例

　高齢社会では高齢者の割合が高くなります。高齢者は若年層と比べ、一部もしくは全部の歯が欠損している場合が多くあります。永久歯は再生することはないため、現在の状態を維持するとともに、口腔内の衛生環境をいかに良好な状態に保つかが課題です。

回答のカギ

●データに基づかない主観的な決めつけをしないようにしよう。
●高齢者は歯が欠損しているケースが多いため、それに付随して問題が出てくる。

質問 5 ▶ 歯科医師の国際化についてどう思うか。

NG 回答例

　歯科医師は今後、国際化をしていくべきだと思います。国籍などを含め多様なバックグラウンドをもった患者さんが多くなることが予想されるため、その患者さんたちにも寄り添って適切な治療を行っていくことが重要だと考えます。

ダメ出し ポイント

●多様なバックグラウンドをもつ患者が増えるだろうという回答は妥当です。ただ、「患者さんに寄り添って適切な治療を行う」という回答は、聞こえの良いことを言っているようで、実は具体的な内容が伴っていないことに注意しなければなりません。具体的に何をどうするのかが明確ではないので、その点について面接官に重ねて質問されることが予想されます。具体的な内容のある回答にするようにしましょう。

合格 回答例

　歯科医師の国際化について、今後の歯科医師は英語で書かれた論文などを参照したり、海外の症例を参考にしたりするために、語学力を鍛える必要があると思います。現状の知識と技能に満足することなく、患者さんのために学び続けることが重要だと考えます。

回答のカギ

●具体的な内容が伴わない回答は避けるようにする。
●歯科医師の国際化では海外の文献などで学び続ける力をつけることが重要。

質問 6 ▶ 災害歯科の重要性とは何か。

NG 回答例

　災害歯科は、特に大規模災害の際に重要になります。災害のときには医療従事者が絶対的に不足するため、医師や看護師などと同様に、歯科医師も医療従事者の一員として活動する責務があると思います。

ダメ出し ポイント ▮▮▮

●質問は「災害歯科」に関するものですが、回答は「災害時に歯科医師ができること」が中心で、論点がすり替わってしまっています。この回答では高い評価を得ることは難しいでしょう。災害歯科においては、災害で外傷などを負った人の口腔ケアはもちろんのこと、定期的に口腔ケアを必要とする患者への対応も必要です。加えて、身元不明者の身元を歯列などにより特定することは、歯科だけが可能な独自かつ重要な務めです。こういった知識をもとに回答しましょう。

合格 回答例

　災害歯科の重要性は、災害にあって直接的に損傷を受けた患者さんと、慢性的に口腔ケアを必要とする患者さんの治療を同時にする点にあると考えます。また、特に大規模災害においては、歯科は身元不明者の身元を特定するという特有の務めがある点で重要です。

回答のカギ

●災害の際には歯科だけができることがあることを知ろう。
●面接の際にも知識は必要。

質問 7 口腔(こうくう)機能と QOL の関係性について考えていることはあるか。

NG 回答例

　口腔機能と QOL は密接な関係にあります。口腔機能が正常に保たれていることにより、食事を楽しむことができます。QOL には食事は大きく関わりますので、正常な口腔機能の維持は非常に重要だと考えます。

ダメ出し ポイント

●口腔機能が QOL と密接な関係にあるのはその通りで、よく調べられています。ただ、口腔機能の役割を「食事」だけに限定しているのは範囲が狭すぎます。そもそも口腔は味覚や咀嚼(そしゃく)、嚥下(えんげ)などの食物摂取のほかに、発声による人とのコミュニケーションを図るのにも役立ちます。また、顔の形や、においをかぐ、吐き出す、呼吸をするなどの全身の健康も支えます。笑うことや歌うことにも関係する点でも QOL に関わります。これらの点を意識して回答しましょう。

合格 回答例

　口腔機能と QOL は密接な関係にあります。具体的には、食事に関わる機能をもつほかに、声を出すことによるコミュニケーションの役割も担います。笑う、歌うといった精神的な機能もあるため、日常の QOL に直接関係しています。

回答のカギ

●歯学部志望の場合は、口腔がもつ機能をおおまかに把握しておこう。
●イメージや印象ではなく知識をもとにして回答しよう。

質問 8 〉 医療の中での歯科の位置づけをどう捉えているか。

・・・ **NG** 回答例 ・・・・・・・・・・・・・・・・・・・・・・・・・・・・・・・・・・

　医療の中で、歯科は人間にとって重要な部位である歯に関わる治療を行っています。歯は食事や発声、ものを飲み込む嚥下機能に貢献しています。それらが人間の生活に果たす役割は大きく QOL に関係します。

ダメ出し ポイント ‖

●今回の質問では「歯科の位置づけ」を聞いているのに、回答では歯科がどのようなことをしているかということについての説明で終わってしまっています。医療全体の中で歯科は QOL に関わる重要な役割を果たすとともに、<u>糖尿病や重度の高血圧がある患者の体調コントロールを行うことも期待されています</u>。歯学部を目指すのであればこれらの点を知識としておさえておきましょう。

・・・ **合格** 回答例 ・・・・・・・・・・・・・・・・・・・・・・・・・・・・・・・・・・

　医療全体の中で、歯科は歯や口腔内の病気の治療及び予防をする位置づけをもっています。これにより歯科は患者さんの日常的な QOL を保つことにも一役買っています。また、糖尿病などの患者さんの体調コントロールを行う役割も担っています。

┌─ 回 答 の カ ギ ─┐

●聞かれていることが「全体の中での位置」なのか「それそのものの説明」なのかを区別しよう。
●基本的な知識はできるだけおさえよう。

テーマ 32　薬学部の質問・回答パターン

質問1　薬剤師として働くならどういったところで働きたいか。

NG 回答例

　薬剤師として働くのであれば、給与が安定しており、福利厚生の充実した職場で働きたいと考えます。そのような職場であれば、自分自身の生活を大事にしつつ、意欲をもって働けると思います。

ダメ出し ポイント

●給与や福利厚生は、働くうえで重要な要素なのは確かです。ただ、これは入学試験の面接であり、職場のマッチングの面接ではないことに注意が必要です。薬剤師になることを前提としても、研究職なのか、臨床の場で働くのかで違いが出てくるはずです。そのため、今回の質問に対しては研究か臨床か、また臨床なら大学病院なのか調剤薬局なのか、といった軸で考えてみましょう。

合格 回答例

　私は将来的に薬剤師として地元の調剤薬局で働きたいと考えております。私の出身地では過疎化が進みつつあり、薬剤師が足りない状況にあります。私はその人手不足の解消に貢献し、地元の人々の健康増進に努めたいです。

回答のカギ

●大学入試の面接では将来的な進路は職場でなく分野を基準にしよう。
●薬剤師であれば研究／臨床といった分野がある。

質問 2 薬剤師のリーダーとなるために必要なことは何か。

NG 回答例

　薬剤師のリーダーとなるためには、薬学に関する膨大な知識を吸収し、アウトプットを欠かさないことが求められると思います。薬剤師は薬学の知識があってはじめて信頼されるものだと考えます。そのため、知識が必要です。

ダメ出し ポイント

●リーダーとなるためには知識とそのアウトプットが必要とのことですが、薬剤師である時点で国家試験を通過しているため、知識面での条件はクリアしているといえるのではないでしょうか。重要なのはむしろ他の薬剤師の人々から信頼されるような精神性だと思われます。そして、周りの薬剤師から信頼されるためには、職務に真摯に取り組み、患者さんと向き合うことが必要でしょう。

合格 回答例

　薬剤師のリーダーとなるためには、周囲の人々から信頼されるような人間性を培うことが重要だと考えます。薬剤師が第一に貢献すべきなのは目の前の患者さんです。それぞれの患者さんが適切に薬を服用しているかを確かめつつ、周囲の薬剤師にも気を配ることが求められると思います。その結果として信頼を勝ち得ると考えています。

回答のカギ

●リーダーに必要なのは人間性や精神性。
●薬剤師としては患者に向き合うことが第一。

質問3 ▶ 海外の薬剤師不足地域へ派遣依頼があれば行くか。

NG 回答例

個人としては派遣依頼があっても日本にいたいと思います。ですが、自身が所属する組織として派遣依頼に応じるとのことでしたら海外に行かざるを得ないと思います。その際には自身の知識を活用して貢献したいです。

ダメ出し ポイント

●回答に主体性が感じられないのがマイナスポイントです。海外への派遣依頼に対して応じるか否かについて、個人的には行きたくはないが所属組織から命じられれば行く、という回答をしています。これでは自分のことを他人任せにしているとか、何かが起こっても他人のせいにする性格だと思われかねません。そうすると薬剤師としての適性を欠くと判断されるおそれもあります。回答する際には自らがどう考え行動するかを表明しましょう。

合格 回答例

派遣依頼があった場合でも、私は日本に残って薬剤師の業務を行いたいと思います。私は現代の日本社会に特有の糖尿病や高血圧、それに起因する病気に苦しむ患者さんの役に立ちたいと決意して薬剤師を志したからです。

回答のカギ

●自身の決定には主体性をもたせよう。
●面接で大切なのは、自分がどういった思いをもつかということである。

質問 4 先導的薬剤師を一言で表すと何か。

NG 回答例

医療において先導的な役割を果たす薬剤師のことです。

ダメ出し ポイント

●この回答では、「先導的薬剤師」をそのまま言い換えただけになっています。面接では自分が知らないことが問われることもありますが、その際には「知ったかぶり」は避けるようにしましょう。知っているふりをして答えても、相手は専門家ですからすぐに見抜かれてしまいます。「先導的薬剤師」とは、「医療現場での医薬品適正使用のみならず、創薬研究の推進や感染症の予防、食と環境の安全・安心の確保まで、国民の健康に総合的に貢献できる薬剤師」のことです。（国立大学薬学部 14 校の連携による「先導的薬剤師養成に向けた実践的アドバンスト教育プログラムの共同開発」の実施（平田收正、田村理、小林資正）から引用）

合格 回答例

「先導的薬剤師」とは、国民の健康に対して総合的に貢献できる薬剤師のことだと理解しています。

回 答 の カ ギ

●面接で「知ったかぶり」は厳禁。
●知らないことを聞かれた場合には、わからないことを正直に伝えよう。

質問5 高校生活の中で薬剤師になったときに生かせることは何か。

NG 回答例

　高校生活で培った 強靭な精神力を生かせると思います。私は高校の
ラグビー部に所属し、厳しい練習を毎日欠かさず重ねてきました。そう
したハードな練習で培った精神力は、薬剤師になってからも生かせると
考えます。

ダメ出し ポイント

●薬剤師になっても強靭な精神力を生かせるとしていますが、答え方に工夫
する点があるでしょう。確かにラグビー部で培ったタフネスは薬剤師でも
生かせそうです。ただ、どのように生かすかについては言及されていない
ので、その点を回答に入れたいところです。どういった点で精神力を生か
せるのかを述べれば、より説得力のある回答になるでしょう。

合格 回答例

　高校生活で培った強靭な精神力を生かせると思います。私は高校のラ
グビー部に所属し、厳しい練習を毎日欠かさず重ねてきました。薬剤師
の業務では、薬に関する知識を活用しつつ連日患者さんに対応すると思
うので精神的負荷も大きいですが、それにも耐え得ると考えます。

回答のカギ

●経験したことや獲得したことを「どのように」生かすかも重要。
●聞き手の立場に立って、回答に説得力をもたせよう。

質問 6 ▶ 薬剤師として信頼を得るためにはどうすればよいか。

NG 回答例

薬剤師として信頼を得るためには、依頼されたことには真摯に対応し、結果を逐次報告するといった社会人としての基礎的な姿勢をもつことが必要だと思います。薬剤師も一人の社会人なので、報告・連絡・相談といった基本ができている必要があります。

ダメ出し ポイント

●確かに薬剤師も一人の社会人なので、回答にあるような一般的な事項もあてはまるでしょう。しかし、質問に「薬剤師として」と前置きがあるのですから、回答でも薬剤師に特有の信頼を得る方法を交えたほうが良いでしょう。質問で設定されている条件に的確に答えることが重要です。

合格 回答例

薬剤師として信頼を得るためには、調剤業務を正確かつ迅速に行うことが必要だと思います。また、薬剤師が第一に接するのは患者さんなので、患者さんの状況をヒアリングし、必要があれば管理者や医師に相談するといった基本姿勢を徹底することが重要です。

回答のカギ

●質問に設定されている条件に的確に答えよう。
●薬剤師は患者からの信頼を得ることが第一条件だと考えよう。

第 1 章 面接のための準備

第 2 章 志望理由書のまとめ方

第 3 章 頻出質問・回答パターン

第 4 章 系統別面接実例

質問 7 ▶ 薬剤師を目指す者として地域医療にはどう貢献できるか。

(NG 回答例)

　地域医療には、医師との連携のもと薬剤師の業務を遂行することで貢献できると思います。その地域の医療の状況や患者さんの実情をよく知るのは医師だと考えております。したがって、医師との関係を良好にして情報を得ながら職務に従事することが重要です。

ダメ出し ポイント ▐▐▐

● 医師との連携が重要としていますが、これは「地域医療」に限ったことでしょうか。地域医療のみならず、一般的な医療現場においても、薬剤師と医師との連携は求められます。したがって、この回答では一般的な事項を特殊なものとしてすり替えてしまっているので、高い評価を得ることは難しいでしょう。

(合格 回答例)

　薬剤師として地域医療に貢献するには、その地域の人口に比べて薬剤師の人数が極端に少ない場合に、その地域で薬剤師業務に従事することが挙げられます。調剤とヒアリングを通じ、患者さんの様子を見て服薬できているかを知るのも薬剤師の務めなので、薬剤師が必要とされる地域でそれを実践することが重要です。

回答のカギ

● 地域医療は、基本的にその地域全体で医療を充実させることが重要であることを認識しよう。
● 薬剤師にしかできないことは何かを考えてみよう。

質問 8 ▶ 患者に寄り添った薬剤師とはどのようなものか。

NG 回答例

　服薬においては、薬が苦かったり飲み込みづらかったりするためにつらい思いをする患者さんも多くいると考えています。そのため、そのつらさに共感し、精神的な負担を和らげることができるのが患者に寄り添った薬剤師だと思います。

ダメ出し ポイント

●患者に寄り添った薬剤師とは、患者の精神的な負担を和らげることができるものと回答していますが、本来はその薬がその患者に合っているのかを見極め、患者ごとに飲みやすい方法を提案するのが薬剤師の務めではないでしょうか。たとえば幼児であれば服薬用ゼリーとともに薬を飲むようにするとか、高齢者であればその日に飲むべき薬を忘れないような工夫を提案するといったやり方が考えられます。「寄り添う」という言葉を用いた精神論に偏らないように注意しましょう。

合格 回答例

　患者さんに寄り添った薬剤師とは、患者さんごとの服薬に関わる課題を見極め、その解決方法を提案できる薬剤師のことだと思います。いかに効き目の良い薬であっても、服用すること自体に負担を感じてしまうと、最悪の場合患者さんが服用をやめてしまうことも考えられるので、そうしたことがないようにすべきです。

回答のカギ

●薬剤師の回答では薬の服用を中心に考えよう。
●精神論だけに偏るのは一面的な見方である。

テーマ 33 看護学部の質問・回答パターン

> **質問 1** AI と看護師の関係についてどう考えるか。

NG 回答例

　AI は看護師にとって代わることはないと考えます。看護師は患者さんの精神的なケアを担う存在です。現状では AI は人間の感情をもつことはありません。また、患者さん自身も AI に対して人間と同様の感情を抱くことはありません。

ダメ出し ポイント

● 「AI と看護師との関係」についての質問に「AI は看護師にとって代わることはない」と回答しています。質問の趣旨から外れるものであるため、高い評価は得られないでしょう。本来 AI は業務を効率化するために存在するものです。AI が患者のバイタルチェック（「脈拍」「血圧」「呼吸」「体温」の4つをチェックすること）を代わりに行ってくれれば、看護師にも余裕ができます。

合格 回答例

　AI と看護師の関係性は、AI が看護師の業務を補うものだと考えます。AI にできる検査などが増えれば、看護師が他の業務に専念できるはずです。

回答のカギ

● 質問が問うていることをはき違えないようにする。
● AI はあくまで業務の補助である。

質問 2 ▶ チーム医療における看護師の役割は何か。

NG 回答例

　チーム医療において、看護師は患者さんが不安を感じないようなケアをする役割があると考えます。私が入院した時も、担当の看護師の方が常に声掛けをしてくれたため、病気を乗り切ることができました。

ダメ出し ポイント

●チーム医療での看護師の役割は2つに分かれます。ひとつは<u>多職種間と情報を共有して連携を図る仲介役</u>です。もうひとつは<u>患者の身体的・精神的な状況を把握するために、専門的視点から患者の観察を行うこと</u>です。看護師は患者と接する時間が長いため、その患者が抱える症状や課題、特性を把握したうえで関係する専門職と情報共有することが求められます。回答は一面的な上に、自分の経験を根拠としているため説得力がないものになっています。

合格 回答例

　チーム医療で、看護師は医療に関わる多職種のあいだての仲介役と、専門的な視点て患者さんを観察する役割を担っていると考えます。看護師は患者さんと長い時間接するため、その患者さんに特有な事情を関係する専門職と共有できると思います。

回答のカギ

●自分の経験だけで一般論を語らないようにする。
●チーム医療での看護師の役割には主に2つの面がある。

第1章 面接のための準備

第2章 志望理由書のまとめ方

第3章 頻出質問・回答パターン

第4章 系統別面接実例

質問3 看護師としてコミュニケーションはどうあるべきか。

NG 回答例

　看護師として、患者さんの立場で物事を考えてコミュニケーションをとることが重要だと思います。患者さんは日常とは違う状況にいるわけですから、その違和感をなるべく軽減するような対処をするべきです。

ダメ出し ポイント

●回答内容は間違ってはいないのですが、具体性に欠ける部分があります。患者の立場で物事を考えるというのもやや漠然とした表現にとどまっています。看護師のコミュニケーションで重要な要素は3つあります。具体的には「礼儀正しさ」「一方的にならない双方向のコミュニケーション」「マイナス感情を出さないコントロール」です。これらを念頭に置いた受け答えをしましょう。

合格 回答例

　看護師のコミュニケーションでは、患者さんに対する礼儀を忘れず、双方向のコミュニケーションをとり、こちらからマイナスの感情を表に出さないようにすることが求められると考えます。

回答のカギ

●看護師のコミュニケーションの要素は3つある。
●なるべく具体的に回答しよう。

質問 4 看護師は人気もあるが離職率が高いのはなぜか。

NG 回答例

看護師の離職率が高いのは、看護師になるまでにもっていた理想像と、実際に働いたときに感じる現実とのギャップがあるからだと思います。看護師は患者さんとコミュニケーションをとる職種ですが、それがストレスとなったり、夜勤も含めた過酷な労働環境が原因だったりするとも考えられます。

ダメ出し ポイント

●客観的な事実とは異なる類推に基づく回答をしています。そもそも看護師の離職率は平均して 15 ％弱であり、突出して高いわけではありません。離職率が高いのは、個人が経営するクリニックに勤務する場合や、大都市圏の病院に勤務している場合です。前者は働く場所としての整備が整っておらず、より働きやすい大病院に移る傾向にあります。後者では、離職しても働く先の病院が数多くあるため、より自分に合った職場を求めて離職する傾向があるという背景があります。

合格 回答例

看護師の離職率が高いのは、個人経営のクリニックの場合や、東京など大都市圏での勤務をしている場合だと考えられます。前者ではより労働条件の整った職場への移行が進み、後者では働き口が豊富にあることて、より自分に合った職場を求めて離職する傾向があることが背景にあります。

回答のカギ

●現状認識を正しくしよう。
●イメージや先入観だけで答えないようにしよう。

第 1 章　面接のための準備

第 2 章　志望理由書のまとめ方

第 3 章　頻出質問・回答パターン

第 4 章　系統別面接実例

質問 5 ▶ 施設での看護と在宅での看護の違いは何か。

NG 回答例

施設での看護と在宅での看護の違いは、緊急時に即座に医師も含めた対応ができるかどうかという点にあると思います。施設で看護をしていた場合には随時検査ができます。一方、在宅での看護は親族に患者を任せる場合が多いので、対応が遅れがちだと考えます。

ダメ出し ポイント

● 施設での看護では、病院などで入院した状態であるため、即座に対応する体制ができていることは回答の通りです。一方、在宅での看護では病院に行かずに自宅で落ち着いて療養できるメリットがあります。また、根本的な違いとして、施設での看護は「治療」を目的としており、在宅での看護は「支援」を目的としている点があります。この点について回答に入れたいところです。

合格 回答例

施設での看護と在宅での看護の違いは大きく2つあります。1点目は、患者さんの状態に即応できる体制か、それとも自宅で落ち着いて療養できるかということです。2点目は、病気などの治療を主眼にしているか、生活の支援を目的としているかという違いです。

回答のカギ

● 多面的に見て違いがないか考えよう。
● 治療だけが看護ではないことに注意しよう。

質 問 6 笑顔はどのような効果をもっていると思うか。

NG 回答例

　笑顔は患者さんやその家族に安心感を与える効果をもっていると思います。看護師が暗い顔をしていると、周りにいる人も気持ちが落ち込んでしまいます。そのため、看護師は笑顔を絶やさないよう気を付けておく必要があります。

ダメ出し ポイント

● 回答の内容は間違っているわけではありません。看護師が笑顔であれば周りの人にも安心感を与えることができるのはその通りです。ただ、もう一歩踏み込んで、患者やその家族は、怪我や病気を患い不安な状態であることが通常ですから、そういった不安な状態を解きほぐす機能が笑顔にはあることにも触れたいところです。相手のことも考えて回答しましょう。

合格 回答例

　笑顔は患者さんやその家族に安心感を与える効果をもっていると思います。また、患者さんは怪我や病気などを抱え不安な状態で病院にいるため、その不安を和らげて心身ともにリラックスしてもらう効果があります。

回 答 の カ ギ

● 笑顔は精神的な支えになる。
● 相手がどのような状況にあるか考えるとより深い回答ができる。

NG 回答例

　看護師の専門性とは、「患者さんの役に立ちたい」という気持ちを強くもっていることだと思います。また、命を預かるという責任感をもちながら、医師のサポート業務に徹することも専門性のひとつだと考えます。

ダメ出し ポイント

●確かに「患者さんの役に立ちたい」という気持ちや、命を預かっているという責任感をもつことは重要なことです。ただ、それだけでは専門性とはいえないことに注意が必要です。気持ちや責任感だけで看護師という医療専門職が務まるわけではありません。また、この2つの要素だけでは、理学療法士など他の医療専門職にもあてはまるので、回答として必然性がありません。

合格 回答例

　看護師は患者さんと日常的に最も近い距離で接する医療専門職だと考えています。そのため、患者さんとコミュニケーションをとりつつ精神的な不安を取り除くとともに、健康状態を観察して急変がないか常に気を配る技術に専門性があると思います。

回答のカギ

●同じ領域の他の職種にもあてはまる要素は回答として不適切。
●看護師の専門性は距離の近さと健康状態の観察が基本。

質問 8 病院でできる LGBT に配慮した取り組みはどのようなことか。

NG 回答例

　病院では、LGBT に関して、偏見をもたずに接することができると思います。医師や看護師は患者さんと近い距離で関わります。多様な性が存在することを認識するとともに、それに対してニュートラルな立場で接することが重要です。

ダメ出し ポイント ▐▐▐

●多様な性をもつ人に対して、分け隔(へだ)てなく接することは医療者として重要です。そのため、回答の方向性としては間違ってはいません。ただ、やや具体性に欠け、取り組みとしては不十分なように思われます。病院などでできる取り組みとしては、①受診しやすい環境づくり（施設内に啓発ポスターを貼るなど）、②問診票などの書類における配慮（性別欄の自由化など）、③トランスジェンダーへの配慮（性別の分かれていないトイレや衣服の用意など）、④同性パートナーをキーパーソンにできるようにする（法的な婚姻関係などになくても手術同意書に署名ができる）などがあります。

合格 回答例

　LGBT に対して、病院では、分け隔てなくどのような患者さんにも接する意思表明をすることが重要です。また、問診票の工夫や、性別関係なく利用できるトイレの設置、医療におけるキーパーソンの自由化が取り組みとして挙げられます。

回答のカギ

●「取り組み」はなるべく具体的に答える。
●精神論ではなく施設としてできることを考えよう。

テーマ 34　芸術学部の質問・回答パターン

質問 1 ▶ 文化や言葉についてどのように学んできたか。

NG 回答例

　私は文化や言葉について、日々の生活の中で学んできました。生活していくなかで感じる季節の移ろいや、周りの人たちとの会話のなかでふと出てくるその時々の天候に関する言葉から、日本は季節が巡っていく国なのだと感慨深くなりました。

ダメ出し ポイント

●回答の中心がいつの間にか「季節の移り変わり」になっていて、質問の中心である「文化や言葉」の要素がなくなってしまいました。質問が抽象的な場合には、何を答えればよいのかわからず、話しているうちに内容がずれてしまうことがよくあります。これを避けるためには、自分の中で質問の意図をかみ砕いてから答えることが重要です。

合格 回答例

　私は趣味の絵画制作を通して文化や言葉について学んできました。絵画には地域や国、歴史によって様々な流派や様式があります。また、絵画で表現したいことを言語化する際に、どのような言葉が適切かを考えてきました。このように創作活動を通じて文化や言葉を学びました。

回答のカギ

●質問の意図をよく考えてから答えよう。
●芸術系では自分の専門に引き付けて回答するのも良い。

質問 2 ▶ これからの芸術の可能性についてどのように考えているか。

NG 回答例

　芸術は、これからも多様な変化を遂げながら発展していくのだと考えています。かつて主流だったものが今では主流ではなくなっているように、その時代ごとに表現の題材や手法は変わりますが、何かを表現したいという欲求のもとで芸術は続いていくと思います。

ダメ出し ポイント

●回答の内容が「芸術はこれからも変化を遂げつつも続いていく」というものになっていますが、「芸術の可能性」という質問の核心を捉えているとは言い難いです。「可能性」とのことですので、今後芸術表現にどのような発展があり得るか、自分なりの考察を具体的に述べたいところでした。

合格 回答例

　今後の芸術は、人間と人工知能との関係性が深くなるにつれて可能性が広がっていくと思います。たとえば絵画においても、多彩な表現形態や技法が出てくると思います。それは人工知能によるサジェスト機能や検索機能により人間には思いつかなかった構想が生まれるからだと考えています。

回答のカギ

●芸術も時代によって変化していくので、自分なりに考察しておこう。
●人工知能だけでなく、インターネットなどの先端技術と芸術との融合も考えられる。

質問 3 アートマネジメントについて考えることはあるか。

NG 回答例

　アートマネジメントでは、芸術作品をいかに世の中に知ってもらうかという点が重要だと考えます。どれほどすばらしい芸術作品でも、社会一般に知られることがなければ、正当な評価を得ることのないまま埋もれてしまうからです。

ダメ出し ポイント

●そもそも「アートマネジメント」とは「芸術・文化活動と社会をつなぐための業務、もしくは方法論やシステム」を指します。具体的には公演や作品等の企画・制作、資金の獲得など、芸術を発展させるために不可欠なものといえます。回答は芸術作品を社会に知ってもらうことに焦点を当てていますが、これは「アートマネジメント」の定義を述べるのにとどまっています。できれば、アートを社会につなげるだけでなく、それによって得られたものをアートに還元できていないケースもあるという課題も示したいところです。

合格 回答例

　アートマネジメントは、美術館などの施設だけを作って、運用自体はずさんなことが多かったことを反省し、芸術作品を社会とつなげようとする点で評価できると思います。ただ、社会で得られた効果などを芸術作品にフィードバックできるようになればより良いと考えます。

回答のカギ

●概念の説明ができた場合、それにまつわる課題も話せると好印象。
●アートマネジメントでは作品と社会との好循環が課題である。

質問 4 ▶ これからのメディアはどうなっていくと思うか。

・・・・・ **NG** 回答例 ・・・・・

　これからのメディアは、テレビや新聞などのマスメディアが縮小する一方で、個々人が情報を発することが多くなると思います。私の周りでもテレビや新聞を見る人は少なく、個人同士がつながれる SNS などが主流になっているように感じます。

ダメ出し **ポイント**

●質問の中心は「これからのメディア」ですので、「個々人が情報を発することが多くなる」という結論はややずれているように思われます。メディアをめぐる社会がどのような状態になるかではなく、メディアそのものに焦点を当てたいところです。また、<u>自分の周囲の人を例に出していますが、周囲の人を見て感じたことは論拠にはならない単なる感想であることに注意しましょう。</u>

・・・・・ **合格** 回答例 ・・・・・

　これからのメディアは、一方向の少数から多数へ発信する形態から、多方向かつ個人が別の個人へと発信する形態に変化していくと思います。現状でも、SNS が一般化し、YouTube をはじめとした映像メディアでコンテンツを楽しむようになっています。今後もこの流れは進むと考えます。

回 答 の カ ギ

●回答ではテーマについてぶれることなく一貫して論じよう。
●周囲の人から感じ取ったことは主張の論拠にはならない。

質問 5 これまでに誰かと協力して制作活動をした経験はあるか。

(NG 回答例)

　私は普段は個人で文芸作品を書いていますが、高校の文化祭では有志が作品を持ち寄って文芸誌を作製していたので、それに参加した経験があります。ただ、集まった有志の生徒は自己主張が強く、まとまりに欠けていたので、やはり個人での活動が性に合っていると感じました。

ダメ出し ポイント ▮▮▮

●文芸誌の制作に関わったというところまでは問題ありません。そのあとの、有志がまとまらず、個人で活動するほうが良いとしているところは少し引っかかるところです。この質問の意図は、集団で制作活動をするなかで、自分なりの気づきや工夫があったかを聞くところにあります。この回答では単なる良くない思い出として処理されていますが、もう少し自分の考えを深めたいです。

(合格 回答例)

　私は普段は個人で文芸作品を書いていますが、高校の文化祭では有志が作品を持ち寄って文芸誌を作製していたので、それに参加した経験があります。他の人の作品を読んだり、どう考えてその作品を生み出したかを聞いたりすることで、個人制作では気づかない多くの考えを知り、自身の創作の糧_{かて}になりました。

回答のカギ

●集団での行動をした際には、気づいたことや集団内での工夫に言及しよう。
●個人と集団での制作活動の違いを述べても良い。

質問 6 日常の中でデザインが生かされていると思うのはどのような
ときか。

····(**NG** 回答例)···

　日常の中でデザインが生かされているのは、トイレの男女別表記がだ
んだん変化しているところだと思います。これまでは男性用と女性用で
マークが一様でしたが、近年では多様な表現が現れており、デザイナー
の工夫がうかがわれます。

ダメ出し ポイント |||

●トイレの男女別表記の仕方についてですが、できれば LGBT に絡めて話
したいところではありました。男性用と女性用でマークを多様にすること
に合理性があるのか、すなわち、<u>そのデザインで私たちの生活は快適に
なっているのか</u>という点を考えるべきです。誤解や混同を招くデザインも
存在するため、回答するなら多様な性に対応したアイコンがデザインされ
ているという方向性が良かったと思われます。

····(**合格** 回答例)···

　日常の中でデザインが生かされているのは、駅の案内表示と経路案内
です。単なる文字の羅列ではなく、図を適切に用いてどのような人にて
もわかりやすいものがデザインされていると思います。これはデザイン
が私たちの行動をスムーズにしている例だと思います。

━┥**回答のカギ**┝━━━━━━━━━━
●「デザイン」は人間の行動様式に影響を与え、生活に利便性を与える。
●街に施されているデザイン上の工夫に普段から目を向けよう。

質問 7 ▶ 最も好きな作品とその理由は何か。

NG 回答例

　私は絵画のなかで、鑑賞する人にネガティブな感情を抱かせる作品が最も好きです。その理由は、普段は抑圧しているネガティブな感情を呼び起こされることにより、その感情と自分が正面から向き合うことが可能になるからです。

ダメ出し ポイント

●かなりいい線をいっている回答です。ただ、「最も好きな作品」について問われているので、作品の具体的なタイトル、もしくはその制作者は最低限伝えたいです。そうしなければ、質問で聞かれたことを正しく認識できない受験生だと思われる可能性があります。話している理由は妥当なだけに惜しいところです。

合格 回答例

　私が最も好きな作品はムンクの「叫び」です。この作品はどちらかといえば恐怖や気味の悪さといったネガティブな感情を呼び起こすものです。ただ、このネガティブな感情を喚起されることで、意識の下にあった感情と向き合えるので最も好きな作品です。

回答のカギ

●答えるべきことに的確に答えよう。
●そう思うのはなぜなのか、自分の中で考えてから話すと良い。

質問 8 将来、制作者になるのか、それとも発信者になるのか。

NG 回答例

　私は将来的に制作者になるか発信者になるかといったビジョンはもっていません。まずは目の前にあることを自分なりに表現することが重要だと考えるからです。表現しようと努力する過程でも得られるものが多くあると考えます。

ダメ出し ポイント

●この質問では「制作者か発信者か」の二択で問われているので、それに沿ってどちらかを選んだほうが良いでしょう。「制作者」であれば、作品の制作に没頭してそれを世の中に問う存在ですし、「発信者」であれば、自分以外の制作者も含めアートやデザインを広める存在です。自分がどちらの方向性なのかを考え、選ぶことが必要です。

合格 回答例

　私は将来的に発信者になる方向性で考えています。これまでの経験で、自分の作品だけでなく他の人の作品にも良い点が多くあることに気づきました。私はそういった作品がもつ良さを広め、作品制作にも生かしていきたいです。

回答のカギ

●いくつかの選択肢から選ぶ場合は素直に選ぼう。
●選択肢を提示されたときはそれぞれの選択肢がもつ特徴を考えよう。

テーマ 35 体育学部の質問・回答パターン

質問1 スポーツを通して学んだことは何か。

NG 回答例

　私は野球に小学校1年生から高校3年生まで取り組んできました。練習はほとんど休みなく毎日続きましたが、練習には欠かさず参加しました。高校になってからは全国大会を目指して練習に励み、県大会の決勝まで進みました。

ダメ出し ポイント

●これまでのスポーツ歴を語っているだけの回答になっています。今回の質問で聞きたいのは、スポーツをしていくなかで学んだことです。たとえば、継続することの大切さであるとか、チームワークの重要性など、スポーツを通じて学べることは数多くあると思います。ですが、この回答では質問の趣旨から外れています。

合格 回答例

　私は野球に取り組んできましたが、そのなかで学んだのは、生活全体を通して切り替えをうまく行うことの重要性です。練習がハードであっても、学校では授業に集中するように気持ちを切り替え、勉学もおろそかにはしませんでした。

回答のカギ

●スポーツをしてきた事実だけでなく、そこから学んだことも重要。
●学んだことを言えるように自己分析をしておこう。

質問 2 ▶ 暴力・ハラスメントをスポーツ界から根絶するためにはどうするか。

NG 回答例

　暴力やハラスメントを根絶するためには、監督などの指導者に対して定期的な講習を行うことが必要だと思います。講習を通じて、スポーツをする者としてやってはいけないことを学び、それを指導にも生かしていけると考えます。

ダメ出し ポイント

● スポーツで暴力やハラスメント（嫌がらせ行為）が行われることがありますが、原因のひとつには「指導」の名目で暴力やハラスメントが正当化されていた時代があったことが挙げられるでしょう。その点で、講習を行うことは妥当ではあります。ただ、指導者への講習だけでなく、指導を受ける部員などが暴力やハラスメントがあった場合に通報できる環境づくりも重要です。なるべく多くの視点から課題を観察しましょう。

合格 回答例

　暴力やハラスメントを根絶するためには、監督などの指導者に対して定期的な講習を行うことが必要だと思います。また、部員などが暴力やハラスメントを受けた場合に通報できる窓口を、スポーツ庁や各自治体に設置することも考えられます。

回答のカギ

● 課題を解決するには多くの関係者の視点から考えよう。
● スポーツでは指導する者と指導される者の視点が重要。

質問3 スポーツにも「自己責任」と「連帯責任」があるが、両方とも必要だと思うか。

NG 回答例

　私はスポーツにも「自己責任」と「連帯責任」の両方が必要だと思います。自主トレーニングを怠って思うようなプレーができないのは「自己責任」であり、これは当然です。「連帯責任」はそのチームの団結を高める効果があるので必要だと思います。

ダメ出し ポイント ||||

● 「自己責任」と「連帯責任」の両方が必要だとしています。前半の「自己責任」に関しては妥当な回答ができているといえるでしょう。ただ、「連帯責任」によりチームの団結が高まるとしていますが、それは本当でしょうか。いくらがんばっても、他の選手によりチーム全体が責任を負わされるのは逆効果かもしれません。その点で論理が飛躍している回答でしょう。

合格 回答例

　私は「自己責任」は必要だと思いますが、「連帯責任」は必要ではないと考えます。自分のことに自分て責任を負うのは当然です。ただ、「連帯責任」は特定の選手が他の選手から常に責められる構図ができやすく、いじめなどの原因になり得るのて不要だと思います。

回答のカギ

● 「AだからB」だと論理が直接つながるかを検討しよう。
● 当然だと思われている慣習でも弊害がないか考えよう。

質問 4 目標達成のためにいつも何を意識するか。

NG 回答例

　私が目標達成のために意識しているのは、その目標を達成したのちにはどのような利点があるかということです。目標達成により自分や集団全体に利益があるのなら、より努力できると考えています。そのため、目標達成により得られるものを意識します。

ダメ出し ポイント

●目標達成のために、それにより何が得られるかを意識しているという回答ですが、これでは何かを得ること自体が目的になってしまいますね。そうすると、本来の目標だったものが手段になりますので、結局なんのために努力するのかわからなくなります。この質問に対しては、目標達成までのプロセスを意識することを答えたほうが良いでしょう。

合格 回答例

　私が目標達成のために意識しているのは、目標を達成するために必要だと思われることをできる限り細分化することです。たとえば大会での優勝が目標であれば、その目標に対して自分に足りないことを抽出し、それを克服するためのトレーニング方法を具体的に設定するようにしています。

回答のカギ

●目標達成のためにはプロセスの意識が重要。
●プロセスを考える場合、細分化や具体化がポイントになる。

第1章 面接のための準備

第2章 志望理由書のまとめ方

第3章 頻出質問・回答パターン

第4章 系統別面接実例

NG 回答例

　私は食事については高校の寮で毎食出されていたので特に気を付けていませんでした。また、食事の制限などをするとストレスがたまってしまうので、食べたい時に好きなものをとり、ストレスにならないようにしていました。

ダメ出し ポイント

●確かに寮で食事が出されていれば、栄養バランスもとれているので、特に気を付けることはないかもしれません。しかし、一度に食べる量や、食材のえり好みをするかどうかなど、スポーツをする者として意識することはあるはずです。また、食事の制限はストレスになるという回答は、自制心に欠けると判断されることもありますので、避けたほうが良いでしょう。

合格 回答例

　私は栄養バランスのとれた食事をするように心がけています。偏りなく食事をとり、食べる量も自分で制限することによって、競技をするのに影響がないようにしています。

回答のカギ

●スポーツをする者としては、食事に気を付けることは不可欠。
●食事から自分の精神力が問われることもある。

質問 6 部活動と学業を両立するためにはどうすればいいと思うか。

NG 回答例

　部活動と学業との両立のためには、2つとも全力で取り組むことが必要だと思います。部活動はハードなこともありますが、それに手を抜くと部活動をやる意味がありません。また、学生として学業が本分なので、それにも手を抜かないことが重要です。

ダメ出し ポイント

●確かに部活動と学業の両方に全力を向けるのは重要です。しかし、この回答では単に「努力する」と言っているのと同じで、具体性が何もありません。両立をするにはどうすればいいか、具体的な方法や自分が実践しているやり方を示さなければ、面接官から説得力に欠けると思われてしまうでしょう。

合格 回答例

　部活動と学業を両立するためには、学業に時間のウェイトを多く配分する時期と、部活動に多く配分する時期とを自分の中で明確に分けることが必要です。部活動が早く終わる時期などは学業に重きを置き、大会の前などは部活動に注力することで、結果として両立が可能になると思います。

回答のカギ

●回答にはできる限り具体性をもたせよう。
●具体性があることで説得力が出てくる。

NG 回答例

　私は柔道に取り組んでいますが、全国規模の大会で勝ち抜くのに必要なのは、自分自身に対する自信だと思います。自信があれば、相手がどのような強豪校の選手であってもひるむことなく対戦できると考えるからです。

ダメ出し ポイント

●確かに全国規模の大会で勝ち抜いていくためには自信をもつことも必要でしょう。ただ、その「自信」をどのようにつけていくのかが具体的でない点が気にかかります。また、この回答では、自信を失った場合はもはや戦意喪失の状態になるのだろうと感じられます。また、全国規模の大会では多様な選手との対戦が待っていますが、それに至るまでの戦略も聞きたいところです。

合格 回答例

　全国規模の大会で勝ち抜くにあたっては、それまでのたゆまぬ努力に裏打ちされた自信をもっていることが最低条件だと思います。そのうえで、対戦するてあろう強豪校の選手について過去の戦績といったデータをもとにして分析し、対応策を練ることが重要だと考えます。

回答のカギ

●同じ言葉でも、あいまいな部分を排除することで説得力のある回答になる。
●勝ち抜くためには戦略が不可欠なので、それをどのように構築するかを考えよう。

質問 8 ▶ 今までで一番印象に残っている試合はどのようなものか。

NG 回答例

　今までで一番印象に残っている試合は、はじめてスターティングメンバーとして出場したバスケットボールの試合です。それまではベンチで応援するしかなかった立場から、実際にプレーする立場に変わったことで感動を覚えたことを覚えています。

ダメ出し ポイント |||

●質問で聞かれているのは「試合がどのようなものだったのか」ということです。すなわち、試合の前にどのような立場だったのかは聞いておらず、その試合自体について質問しているということです。そのため、試合を通して感じたことや、試合でプレーするなかで学んだことを述べたほうが良いでしょう。

合格 回答例

　今までで一番印象に残っている試合は、はじめてスターティングメンバーとして出場したバスケットボールの試合です。応援する立場では、プレーしている選手の動きに対して不十分だと感じることもあったのですが、実際に出場してみると、自分なりに精一杯プレーしても及ばない領域があることに気づきました。その気づきを得たのが印象に残っています。

回答のカギ

●印象に残った試合の内容や学んだことを、実際の経験を通して話そう。
●回答する内容は単なる感想ではなく、次に生かせるような普遍的な内容であると良い。

テーマ 36 学際系学部の質問・回答パターン

> **質問 1** 学生にとってのリベラルアーツとはどのようなものか。

NG 回答例

学生にとってのリベラルアーツとは、学問領域にとらわれず、多様な知識を獲得することだと思います。広い範囲にわたる多様な知識を得ることで、大学を卒業してからも教養のある市民として生活できると思います。

ダメ出し ポイント

●そもそもリベラルアーツとは<u>古代ギリシアで生まれた概念</u>で、人間を束縛から解放するための知識や、<u>生きていくための力を得る技法</u>のことです。現代社会でも、単なる知識にとどまらず、総合的な知識をもとにして主体的に生きることを可能にするものだと考えてください。回答では知識に偏っている点で、リベラルアーツの意味が不完全に感じられます。

合格 回答例

学生にとってのリベラルアーツとは、幅広い知識をもとにして、今後の人生のための生きる力を培うことだと思います。現代社会は複雑化・高度化していますが、それらを読み解く力がリベラルアーツにより獲得できると考えます。

回答のカギ

●用語の意味は深く理解しよう。
●リベラルアーツとは「知識」でなく「生きる力」と捉えよう。

質問2 多文化共生の理想像とはどのようなものか。

NG 回答例

　多文化共生の理想像は、多様な文化に属する人々が、互いの文化を尊重しながら衝突することなく生きていくことだと思います。近年、日本では教育における言語の問題や、日本にいる他の文化圏の人々を排斥する動きも一部で存在することが問題です。

ダメ出し ポイント

●「多文化共生の理想像」については妥当な回答ができています。ただ、近年の日本での多文化共生に関わる問題を挙げたのは、今回の質問に対する回答としては余計だったように感じられます。受験生は社会全般に関わる考え方について、問題点や課題を挙げることが多いのですが、質問で求められない以上は無理に答える必要はありません。

合格 回答例

　多文化共生の理想像は、国籍や民族などの異なる人々が、互いの文化的違いを認め合い、対等な関係を築こうとしながら、地域社会の構成員として共に生きていくことだと認識しています。お互いを尊重することが必要な社会だと考えます。

回答のカギ

●社会的な概念について、あえて課題などを挙げる必要はない。
●多文化共生では、互いの文化を尊重することが重要。

NG 回答例

「グローバルな考え方」とは、国際的な視野で物事を考えることだと思います。地域など身近なことを考える「ローカルな考え方」の反対の概念です。国際的な視野で社会を見ることにより、新たな課題を発見できると考えています。

ダメ出し ポイント

● 「グローバル」の和訳が「国際的な」ですから、単に和訳しただけの回答になっているのが残念です。もう少し詳細に、「国際的な視野で物事を考える」ことについて説明を加えれば、面接官にも思いが伝わるのではないでしょうか。自分なりで良いのであいまいな言葉は詳しく説明しましょう。

合格 回答例

「グローバルな考え方」とは、日本という国や一部の地域の単位で物事を考えるのではなく、多様な国や地域がどのように関係し合い、どういった問題や課題が存在するのかを見極められる考え方だと思います。

回答のカギ

● あいまいな言葉のままで終わらせることなく、自分の言葉で説明しよう。
● 世界は流動的で複合的であるため、そのなかにある課題を見極めるのがグローバルな考え方ともいえる。

質問 4 科学技術とグローバル化の関係性についてどう考えているか。

NG 回答例

科学技術が進歩すればするほど、グローバル化する世界では格差が広がると考えます。高度な科学技術は先進国だけが有するものであり、途上国ではいまだ貧困状態が続いています。こうした技術の格差が貧富の格差につながると考えます。

ダメ出しポイント

●科学技術の進歩により、世界で格差が広がるという主張自体にはうなずけるものがあります。ただ、その理由があまり適切ではありません。高度な科学技術は先進国だけがもっていて、途上国では貧困状態が続いているというのは事実に基づかない決めつけに近いように思われます。実際、先進国と言われる国々でもどのような科学技術をもっているかに差がありますし、途上国のあいだでも貧富の差があります。世界は先進国と途上国に二分されるのではなくグラデーションにあるのです。その点を踏まえたいところでした。

合格 回答例

科学技術が進歩することと、グローバル化する世界とは表裏一体の関係にあります。世界が一体化することで、多国籍企業は世界各地に拠点を置き優秀な人材を集め、自社で科学技術を開発することができます。そして科学技術が進歩すれば、社会の高度化が進み、世界全体がグローバル化するともいえます。

回答のカギ

●イメージで物事を決めつけないようにしよう。
●先進国と途上国で分けられるのではなく、そのなかでも差がある。

NG 回答例

　学びを通して教養のある人間になりたいと思います。これからの世界で活躍するためには、文系や理系といった枠にとらわれず、広範な知識をもつ必要があります。そのため、貴学では多様な分野について学びたいです。

ダメ出し ポイント

●まず、「教養のある人間」というのが抽象的でわかりにくい表現です。おそらく面接官から「教養とはどういったものですか」という質問をされるでしょう。また、最後の結論が「大学で多様な分野を学びたい」ということになっています。この質問では「どういった人間になりたいか」が問われています。そのため、回答でも「大学で○○な分野を学び、こういう人間になりたい」とする必要があります。論旨をずらさないようにしましょう。

合格 回答例

　学びを通して世界の貧困問題の解決に貢献できる人間になりたいです。私は生まれた国や地域によって貧富の格差があるのが問題だと思っています。貧困問題は社会制度や政治体制、医療など多様な分野にまたがるものなので、それらを学んで、貧困問題を解決するために努力します。

回答のカギ

●抽象的な言葉ではなく、自分が何をしたいか、どうなりたいかを具体的に示そう。
●自分が目指す理想像のためにどのような学びが必要か示そう。

質問 6 30 年後に日本と世界はどのようになっていると思うか。

NG 回答例

　30 年後には、日本も含め世界は人口減少と資源の枯渇に見舞われて
いると思います。先進国を中心に人口の減少には歯止めがかかっていな
いため、この傾向は続くと思われます。また、原油など天然資源は有限
なので、資源の枯渇とその争奪が生じるはずです。

ダメ出し ポイント

●回答の内容として、事実の認識は妥当です。ただ、悲観的なシナリオだけ
　を考えていて、聞いている面接官としてはネガティブな印象を受けるで
　しょう。そもそも大学で学んだことを生かして社会をよくしていくのが学
　際系の学部に課せられた使命であると考えることが多いです。そのため、
　単に世界情勢は悪くなる一方だとするだけだと、学ぶ意味すら失っている
　と思われる可能性があります。

合格 回答例

　30 年後の日本と世界は、人口減少や高齢化といった各国の課題と、
気候変動や資源の枯渇などの世界全体の課題に直面していると思います。
これらの課題の解決のために、科学技術とともに、人文学的な知恵を生
かして取り組むべき世界なのだと考えます。

回 答 の カ ギ

●将来の展望が単にネガティブなものにならないようにしよう。
●「問題」ではなく「課題」と捉えることで、解決すべきものだという
　意識が出てくる。

質問7 ▶ 日本文化を外国人に伝えるとき、どのように伝えるか。

NG 回答例

日本文化を外国人に伝えるときには、日本文化の成り立ちから伝える必要があると思います。日本文化は基本的に奈良時代から現代に至るまで連綿と続いているものです。そのため、歴史的な経緯を伝えなければ始まらないと考えます。

ダメ出し ポイント

●日本文化は長い歴史をもったものでもあるので、その点では妥当です。ただ、「どのように伝えるか」という点で、この回答では不十分といえるでしょう。自分が文化を伝える立場に立ったと想定すると、文化の歴史から述べられるのはわかりづらいと感じるであろうことは容易に想像できるはずです。伝えたいことをうまく伝えるには、相手の立場に立つことが重要です。

合格 回答例

日本文化を外国人に伝えるときには、たとえば日本の代表的な風景や建築物、また古くから使われている道具などの画像や動画を見せながら説明するのが効果的だと思います。まずは直感的にわかってもらい、それから歴史的背景を伝えると良いのではないでしょうか。

回答のカギ

●伝える場面（＝コミュニケーション）では相手の立場に立とう。
●まずは大まかなイメージをつかんでもらい、そのあとで詳細を伝えるのが良いことが多い。

質問 8 将来目指していることは何か。それに対して在学中に何ができるか。

・・・ NG 回答例 ・・・・・・・

　将来的には、既存の枠にとらわれない考え方で世界を良くすることを目指しています。具体的には教育の問題に取り組みたいです。そうした考え方を身につけるために、在学中は SDGs について研究し、世界の問題を認識したいです。

ダメ出し ポイント

● 回答では「既存の枠にとらわれない考え方」をしたいと述べています。文理融合型の学部を目指す受験生に多い回答ですが、これ自体は不可ではありません。ただ、後半で SDGs について研究したいとしていますが、<u>この発想自体が「既存の枠」にとらわれていないでしょうか。</u>SDGs について研究するだけでなく、<u>他の学問分野も横断的に学んではじめて、これまでにない発想ができる</u>はずです。

・・・ 合格 回答例 ・・・・・・・

　将来的には、日本で進行している少子高齢化社会のなかであっても、誰もが自己肯定感を得られるような仕組みを作っていきたいと思います。少子高齢化は先進国に共通の課題ですが、学際的な知識が必要です。在学中は社会学や統計学を学ぶとともに、留学を通して他の国の実情を知りたいと考えます。

╾╾ 回 答 の カ ギ ╾╾

● 既存の枠に無自覚にとらわれていないか自己分析をしよう。
● 回答自体に矛盾がないか考えよう。

第4章

系統別
面接実例

テーマ 37 人文科学系の面接

設定

面接官　A～C	
受験生　▲Dさん	教育学部志望の高校3年生。教育学部卒業後は高校の国語の教師になりたいと考えている。

この面接での志望理由以外の質問

● 教員を志す者として、文学部で受講したい講義は何か。
● 教員になりたい理由は何か。
● 小学校や中学校ではなく高校の教師になりたい理由は何か。
● 勉強に対して意欲が出せない高校生には、どのように接するか。

面接の事例

面接官A　これから面接試験を始めます。では、本学を志望した理由を教えてください。

Dさん　はい。私は将来的に高校の国語の教師になりたいと考えています。❶貴学は教育学部の他に文学部なども有する総合大学であり、文学部の先生の講義を教育学部の学生も受講できると知り、志望いたししました。

面接官A　なるほど。文学部では様々な講義が展開されていますが、そのなかでも教員を志す者として受講したい講義はどのようなものですか？

Dさん　はい。貴学の文学部で開講されている古典文学の講座に興味があります。

面接官A　それはなぜですか？

Dさん　❷高校の国語の授業で古文に魅力を感じたことをきっかけにして、古典文学を学びたいと考えました。

p.224 に続く

回答 へのコメント

❶：△　志望理由としてはやや弱く感じられます。教育学部とともに文学部など他の学部を擁（よう）する総合大学は数多く存在します。そのため、<u>文学部の授業を受講できるという理由だけでは、この大学でなければならない理由にはならない</u>でしょう。

❷：×　前の質問で面接官から、「教員を志す者として受講したい講義」について聞かれていますが、一連の回答からは<u>「教員を志す者」としての観点が見受けられません</u>。この回答では、そもそも文学部に入学して教職課程を受ければいいのではないかと思われてしまいます。面接官から質問の方向性について限定されているので、それにしたがって回答をしたほうが良かったと思われます。

キクチからのアドバイス

▶ <u>志望理由として話す内容が、面接における第一印象を決めることもあります</u>。面接官は「この受験生は本当に自分たちの大学に入学したいと思っているのか」を確認したいので志望理由を質問します。面接官は多数の受験生の面接を経験していることが多いです。他の大学でもあてはまるような志望理由や、そもそも大学そのものに入りたいと心の底から思っているのかと疑問に思われるような志望理由はすぐにわかります。

▶ 面接官からの質問のなかで、「回答にあたっての条件」を付けられる場合があります。たとえば今回のような「教員を志す者として」といったものや、法学部であれば「法律に関係する職業に就きたいとすると」といったものが挙げられます。<u>その条件を無視してしまうと、話を聞いていない受験生だと思われてしまう可能性がありますので注意しましょう。</u>

第**1**章　面接のための準備

第**2**章　志望理由書のまとめ方

第**3**章　頻出質問・回答パターン

第**4**章　系統別面接実例

p.222 から続く

面接官A　古典文学に興味があるのなら、そもそも文学部に入ったほうが良いのではないのですか？

Dさん　❸……はい……。ただ私は教員になりたいと思っているので、文学部ではなく教育学部を志望しています。

面接官B　ここからは私から質問させていただきますね。Dさんが教員になりたいと思っているのはなぜですか？

Dさん　はい。高校で国語の授業をしてくださった先生が、勉強だけでなく、友人関係などの悩みにも耳を傾けて相談に乗ってくれたのが教員を目指すようになったきっかけです。❹その先生はいつも明るく私たちに接してくれました。ときには厳しい指導をすることもありましたが、今では私たちのことを思ってあえて厳しく接してくれたのだと思っています。私はそこまで生徒に向き合えるかはまだ自信がないのですが、できればそのような先生になりたいと思うようになりました。教員になることで、様々な境遇にある生徒たちの助けになりたいと思っております。

面接官B　……そうですか。わかりました。

p.226 に続く

回答 へのコメント

❸：× やはり「文学部に入ったほうが良いのではないか」という質問をされてしまいました。ここでうまく切り返すことができればよかったのですが、Dさんはその場でしばらく沈黙してしまいました。面接において、沈黙することは必ずしも悪いわけではありません。ですが、今回の質問に関しては、事前に予想できたものです。したがって、自己分析が不足していると言わざるを得ません。また、教育学部への熱意そのものを疑われる対応でもありました。

❹：△ 教員になりたい理由を聞かれていますが、Dさんの回答はやや長すぎるものになっています。また、回答している内容も、自分が憧れている先生についての説明が中心になっているのが気にかかるところです。面接官が聞きたいのは憧れている先生のことではなく、Dさんがなぜ教員になりたいのかということです。それに正面から答えられていないのは、正しい受け答えができているとはいえず、マイナスポイントとなるでしょう。

キクチからのアドバイス

▶ 自分の志望動機に関わる質問に答えられないのはかなり厳しい評価になり得ます。面接においては志望動機がきわめて重要です。そのため、志望動機に関しては十分すぎるほど自己分析を行い、内容を練っておく必要があります。また、想定される質問にはなるべくあいだを置くことなく回答できるように準備をしておいたほうが、本番で慌てなくてすむでしょう。

▶ 回答はなるべく簡潔にしましょう。面接官の側からすると、回答が長すぎると内容をうまくつかむことができなくなることがあります。また、回答している側としても、自分が何を話しているのか途中でわからなくなるときがあるので、言いたいことだけを端的に述べるようにしてください。

p.224 から続く

面接官C　ありがとうございます。ここからは私から質問させていただきます。高校の教員になりたいとのことですが、小学校でも中学校でもなく、高校の教員を目指したのはなぜですか？

Dさん　　はい。❺私は小学生や中学生くらいまでの子どもたちと接するのは苦手なほうですが、高校生に勉強の楽しさを伝えたいと思って高校の教員になることを決意しました。

面接官C　そうですか。では勉強に対して意欲が出せない高校生にはどのように接しますか？

Dさん　　はい。❻どのような人であっても学ぶことは楽しいと思えるはずなので、根気強く楽しさを訴えていきたいと思います。

面接官C　わかりました。では、面接を終わります。

自分ならどう答えるか、
考えてみよう！

回答 へのコメント

❺：×　高校の教員になりたいと思う理由が、小学校や中学校の生徒と接するのは苦手だから高校を選んだという消極的なものになっています。確かに教える対象については年齢によって向き不向きは存在しますが、せめて高校の教員になりたい理由を明示してほしいところです。この回答では、何となく教員にはなりたいが、小さい子どもたちは苦手なのでとりあえず高校で教えることを選んだように聞こえてしまいます。高校の教員をしたい積極的な理由がほしいです。

❻：△　どのような人でも学ぶことは楽しいと思えるはず、という考え方を述べていますが、これは個人的な思い込みにすぎません。世の中の高校生、もっと言えばすべての生徒たちが自分と同じように学ぶことを楽しめるわけではないかもしれない、と考えてほしいところです。学ぶことは楽しいと訴えられても、それは思っていることの押し付けにすぎません。教師としては、それぞれの生徒の個性や考え方、そして多様性を尊重しながら職務にあたることが必要です。

キクチからのアドバイス

▶ 自分の将来については積極的な姿勢で選んでいることを示したほうが良いでしょう。消極的にその職業を選んでいるのであれば、そもそも他のジャンルの職業でもいいのではないかと思われてしまいます。何かをしたくないから、という理由での職業選択は面接の回答としてもおすすめできません。

▶ 誰もが自分と同じような属性をもっていると考えるのはある種の偏見です。社会には多くの人がいて多様な個性が存在します。自分とはまったく違うバックグラウンドをもって成長した人も数多くいることを考慮に入れた発言をしましょう。

テーマ 38 ▶ 社会科学系の面接

設定

面接官　A〜C	
受験生　▲Eさん	法学部志望の高校3年生。将来は公務員となって地元自治体に勤務したいと考えている。

この面接での志望理由以外の質問

● 日本国憲法の三大原則は何か。
● あなたが考える地域の課題は何か。その課題への対応策は何か。
● 一般選抜でなく総合型選抜を受験した理由は何か。

面接 の事例 |||

面接官A これから面接試験を始めます。では、本学を志望した理由を教えてください。

Eさん はい。私は将来的には公務員となって地元の自治体に就職したいと考えております。❶公務員を目指すにあたって、貴学法学部では憲法は当然のこと、行政法や地方自治法について深く学べると思いました。また、公務員講座が学内で開催されていることも志望理由のひとつです。

面接官A そうですか。公務員になりたいとのことですが、確かに憲法などの法律を学ぶことは重要ですね。中学校の社会の範囲ですが、日本国憲法の三大原則を教えてください。

Eさん ❷……えーと……平和主義……と……あとは……わかりません。

面接官A わかりました。これから勉強してくださいね。

p.230 に続く

回答 へのコメント

❶：△ 志望理由についてはもう少し踏み込んだ内容が欲しいです。法学部であれば憲法は確実に学びますし、行政法や地方自治法についての講義もほとんどの大学の法学部で開講されているでしょう。そのため、この志望理由は他の大学にもあてはまるものと言われてもやむを得ないものになっています。もう少し具体化して、「行政職につく学生向けの履修コースが設置されている」とか「卒業生の多くが、自分が就職したい自治体に就職しているデータがある」といった理由にしたいです。

❷：× 法学部志望なのに、日本国憲法の三大原則をその場で言えないのは勉強不足と言われても仕方がありません。日本国憲法の三大原則は「国民主権・基本的人権の尊重・平和主義（戦争の放棄）」です。これらは中学校で学習するレベルの知識ですし、高校の公民でも学習する機会があるはずです。専門的な知識は必要ありませんが、少なくとも義務教育段階で学習するはずの知識で、学部系統に属するものは覚えておくようにしましょう。

キクチからのアドバイス

▶ 自分の志望動機が、他の大学にもあてはまるものになっていないか、あいまいな表現で終わっていないか検討しましょう。その大学独自で学べる内容や、履修プログラムなどがないか確認するのが有効でしょう。

▶ 中学校までに学習するはずの知識で、自分の志望学部に関係するものは必ず即答できるようにしておきましょう。こういった知識が面接の場で回答できないのは致命的です。

p.228 から続く

面接官A　公務員志望とのことですが、なぜ公務員になりたいと思ったのですか？

Eさん　　はい。私は自分の出身地に愛着をもっています。❸ その地域のために働くことができるというやりがいを感じながら、地元に貢献したいと考えて公務員になりたいと思っています。

面接官B　なるほど。ここからは私から質問させていただきます。あなたが貢献したいと考える地域の課題は何だと認識していますか？　また、その課題への対応策があれば教えてください。

Eさん　　はい。❹ 私の出身地であるＸ市では、地域によっては老朽化した空き家が密集した地域があり、崩壊の危険がありますし、火災が発生した場合のリスクが高いという課題があります。この課題に対しては、行政として地権者の確定と、空き家の再利用、もしくは区画整理が対応策としてあり得ると思います。

面接官B　わかりました。

p.232 に続く

回答 へのコメント ||||

❸ ：△　公務員志望者にありがちな、公務員になりたい理由を回答しています。確かに地元に貢献するという意味では公務員となって活躍することも考えられるでしょう。ですが、地元に貢献するのは本当に公務員という選択肢だけなのでしょうか。たとえば地場の企業に就職して地元経済に貢献するという道もあるはずです。他にも、自治体のボランティアとして活動する方法もあります。「地元に貢献する」という言葉だけでは公務員を志望する理由にならないことを認識しましょう。

❹ ：○　地元であるＸ市の課題とその課題への対応策を的確に答えることができており、好印象です。行政職の公務員を志望しているのであれば、地元の街が抱えている課題に敏感であるべきでしょう。また、不完全であったとしても、その課題に対してどのような対応をとればいいのかを考えておくことも必要です。その点ではＥさんは課題を明確に認識していますし、その課題に対する適切な対応を考えることができています。

キクチからのアドバイス

▶ 自分の目指す進路がその大学に適合しているかを考えておくのが前提です。そのうえで、自分が就きたい職業ではないやり方で目的を達成できる可能性がないか確認しましょう。もし他のやり方で目的の達成が可能であるなら、志望理由を含めて進路についてより明確に考える必要があります。

▶ 社会科学系の面接においては、現実に発生している社会問題について質問されることがよくあります。それに的確に答えられるかどうかが面接の出来を左右すると言ってもいいでしょう。特に自分の地元が抱える課題には敏感になっておきましょう。それへの対策も考えたり調べたりしておくと、面接でも答えやすくなります。

p.230 から続く

面接官C ここからは私から質問させていただきます。今回、一般選抜でなく、総合型選抜での入試形式を選んだのはなぜでしょうか？

Eさん はい。❺ 一般選抜より総合型選抜のほうが時期的に早く実施されるからです。早く選抜が終わることで、残りの時間を大学に向けた勉強に使えると考えました。

面接官C なるほど。では、仮定の話ですが、今回の総合型選抜でも、その後の一般選抜でも不合格だった場合にはどうします？

Eさん ……はい……。❻ 他の大学の入試を受けて、合格した大学に行くしかないと考えます。

面接官C わかりました。では、面接を終わります。

友人や家族と
ロールプレイして
みるのもいいよ！

回 答 へのコメント

❺：○　あえて総合型選抜を受験した理由について、何とか切り返しています。確かに総合型選抜は一般選抜よりも早く結果がわかりますね。そうすれば、残りの大学入学までの時間を、大学に向けた時間やリフレッシュの時間に充てることができます。その点で納得のできる回答をすることができています。総合型選抜や学校推薦型選抜を、「一般入試に向けた勉強をしなくてもいいから」とか「学力的に一般選抜を突破する自信がないから」という消極的な理由で受験する人も一部にはいますが、そういった理由での受験はおすすめできません。

❻：△　志望校のすべての入試に不合格だった場合の対応について聞かれていますが、できれば「高校を卒業したあとにまた勉強して受験し直したい」とか「たとえ他の大学に進学しても、編入学の制度などを利用して志望校で学びたい」といった回答をしたいです。面接で見られているのは受験生の熱意です。もちろん、様々な事情で現役生のうちに大学を決めなければならないこともあるかとは思いますが、少なくとも面接では、どうしてもこの大学で学びたい、という意欲を見せることが重要です。

㋖㋗㋟からのアドバイス

▶ 総合型選抜や学校推薦型選抜を受験した理由は、ポジティブなものにするよう気を付けましょう。間違っても「学力の問題」などを理由にするのはNGです。積極的に選抜制度を利用しようとする意志を見せましょう。

▶「今年不合格であっても、いずれ再挑戦する」といった趣旨の回答が望まれます。他の大学でもいいのであれば、志望校である必然性も疑われる可能性があるからです。熱意を見せましょう。

テーマ 39　自然科学系の面接

設定

面接官　A〜C	
受験生　▲Fさん	将来医師になることを志し、医学部を目指している。高校3年生の時の入試では不合格だったが、もう1年勉強することを決意した。

この面接での志望理由以外の質問

● 病院の待合室での順番待ちの時間に耐えかねた患者に対してどのように接するか。
● 医師として、現代日本での医療の課題はどのようなものか。
● 日本人の主たる死因を3つ挙げてください。

面接 の事例

面接官A　これから面接試験を始めます。では、本学を志望した理由を教えてください。

Fさん　　はい。❶私は父が開業医をしており、幼い頃からその姿を見てきました。父は自宅でも医学書を読み、日夜患者さんのために学んでいました。また、患者さんに対しては笑顔を絶やすことなく接し、信頼が厚いと聞いております。私はそういった医師になりたいと考え、医師になることを志望しました。

面接官A　それは医師になりたい理由ですね。本学を志望した理由はどのようなものですか？

Fさん　　失礼しました。❷貴学では先端医療に関する研究が進んでおり、難病に苦しむ患者さんたちにとっての大きな希望になっています。私もその研究に携わりつつ、医学を学びたいと考え、志望しました。

p.236 に続く

回答 へのコメント

❶：× このあとでも面接官から指摘されていますが、「大学を志望する動機」ではなく「医師になりたい理由」だけを答えてしまっています。面接官は明らかに「大学の志望動機」を質問しているので、Fさんは聞かれていることとはずれたことを答えてしまっています。最初の質問での面接官へ与える印象が良くなかった場合、そのあとの面接も流れが悪くなってしまいます。最初の質問への回答には細心の注意を払いましょう。

❷：△ 先端医療の研究が進んでいる大学で学びたいとのことですが、この回答だと、Fさんが臨床医として現場で働きたいのか、それとも研究医として研究に従事したいのかわからなくなります。大学によっては、臨床医に比重を置いているところや、研究医に比重を置いているところなどもあります。そのため、自分がどういった方向性で医師として進みたいのかを明らかにするようにしましょう。

キクチからのアドバイス

▶ 面接では最初の質問にいかにうまく答えられるかが非常に大事です。最初の質問への回答に失敗してしまうと、それについての質問が重なり、結果として面接がそれだけで終わってしまうこともあります。面接ですべての回答が重要なのはもちろんですが、特に最初の質問に対しては慎重に答えましょう。

▶ 臨床医か研究医か、というのは重要な選択です。この方向性が面接官に説得力をもって伝われば、そのあともうまくいくことが多いです。自分の進路をどうしたいのか、医師としての将来設計をできる限り綿密に組んでおくことが必要です。

p.234 から続く

面接官B　ここからは私から質問させていただきます。ある場面を想定します。ご自身が病院に勤務医として従事していると仮定してください。ある日、順番待ちの時間に耐えかねた患者さんの一人が、予定があるから順番を先にしてほしいと要求してきたとします。Fさんは勤務医としてどのように対応しますか？

Ｆさん　　はい。❸私はこの場合、勤務医の立場ですので、指揮命令系統の上ではより職位の高い医師の指示を仰ぐことになると考えます。したがって、まずは職位の高い医師に相談しようと思います。

面接官B　指示を待っているあいだはどうしますか？

Ｆさん　　治療を待っている他の患者さんもいるため、私は医師としてその患者さんたちの治療に専念します。❹要求をしてきた患者さんについては、その場にいる看護師の方に対応をお願いしようと思います。

面接官B　……そうですか。わかりました。

p.238 に続く

回答 へのコメント

❸：△　確かにここで想定されるケースでは、Ｆさんは勤務医の立場ですので、上の立場にいる医師に指示を仰ぐのも、必ずしも間違っているというわけではありません。ただ、Ｆさんが、要求をしてきた患者さんに対してなんのアクションも起こしていないことが気にかかります。実際の医療現場では職位に関係なく医師がその場のリーダーとなることが多いです。そのため、自分では行動を起こすことなく、指示を仰ぐようにするというのは、医師としての適性に欠けると思われるかもしれません。また、指示がないと動けない人間だと判断される可能性もあり、自ら考えて動く態度が見受けられないのが残念な点といえるでしょう。

❹：×　上の立場にいる医師からの指示を待っているあいだには看護師にその場を任せるとしていますが、このような他人任せの姿勢は NG です。確かに他の患者さんが治療を待っていることは間違いないので、医師としてそれに対応することも重要です。ですが、せめてどのような指示を看護師にするのかということを言わないと、厄介な患者に対しては他人に丸投げするような性格なのかと思われる可能性があります。

キクチからのアドバイス

- ▶ 医師は現場における医療に関わるリーダーとみなされることが多いです。そのため、秩序を乱す患者に対しては自分が率先して毅然とした態度で対応することが求められると考えましょう。

- ▶ 看護師などの他人にその場を任せるのは、責任感のない行動だと思われるでしょう。患者やその周りの環境にまで責任をもつのが医師の務めだと認識するようにしましょう。

p.236 から続く

面接官C　ここからは私から質問させていただきます。現代の日本では医療が発達していますが、医師として、現代日本での医療の課題はどのようなものだと考えますか。

Fさん　　はい。❺少子高齢化に伴い、社会保障に関わる予算が増大していることが課題だと思います。社会保障には医療費も含まれますが、それが膨らむと国家予算を圧迫し、国家財政が危うくなるのではないかと危惧しています。

面接官C　そうですか。では、最後に、日本人の主たる死因について3つ挙げてもらえますか。

Fさん　　はい……。❻わからないので大学で学びたいと思います。

面接官C　わかりました。では、面接を終わります。

志望学部以外の分野
にも挑戦してみよう！

回答 へのコメント

❺：× 　質問では「医師として」という条件が付けられています。Fさんはその条件を無視して、「日本の医療財政の課題」について考えを述べていますね。今回の質問で求めていたのは、現代日本における医療課題を「医師として」答えることでした。そのため、たとえば「高齢の患者の増加に伴う認知症への対応」や「発達に困難をもつ子どもたちに対してどのような療育ができるか」といったことを答えてほしかったところです。質問の条件を逃してしまうと、人の話を注意して聞けない人なのかとマイナスにとられる可能性があります。

❻：◎ 　わからないことを聞かれたときに「わからないので大学で学びます」と回答するのは素直な回答で好感がもてます。どのような質問にも自分なりに答えなければならないと考える受験生もいるのですが、知らないことを知っているようにふるまうよりは正直に知らないと答えるほうがベターです。

キクチからのアドバイス

▶ 質問には、「○○として……」とか「△△の場合に……」などといった条件が付けられることが多くあります。条件が付けられた場合に、その条件を無視して回答してしまうと、的外れな答えになってしまいマイナス要素となりえます。面接官の話を注意深く聞くことが重要です。もしうまく聞き取れなかった場合は、「聞き取れなかったのでもう一度おっしゃっていただけますでしょうか」と聞き直しても大丈夫です。

▶ 知らないことについては素直に「知らない」と答えましょう。ちなみに、日本人の三大死因は悪性新生物、心疾患、脳血管疾患ですので、この際覚えておきましょう。

テーマ 40　学際系の面接

設　定

面接官　A〜C	
受験生　▲Gさん	もともと理系クラスにいた高校3年生。理学部や工学部のように専門的なことを学ぶのではなく、文理融合型の学部で広い知識を得て将来に生かしたいと考えた。

この面接での志望理由以外の質問

● 文理融合型の学部をもつ大学は他にもあるが、なぜこの大学に決めたのか。
● 身体表象に興味をもった理由は何か。
● 文系と理系に分かれるメリットはどのようなものか。
● 将来的に解決したい社会的課題は何か。

面接の事例

面接官A　これから面接試験を始めます。では、本学を志望した理由を教えてください。

Gさん　はい。私は将来的に広い視野をもって社会を俯瞰できるような人間になりたいと考えています。❶貴学では文系や理系といった既存の枠にとらわれることなく様々なことを学べると思います。そのため、貴学を志望しました。

面接官A　文理融合型の学部をもつ大学は私どもの大学以外にも数多くありますが、なぜこの大学に決めたのですか？

Gさん　❷私は高校時代にダンス部に入っており、身体表象に興味があります。貴学ではデザインやアートに関係する学部があり、かつ理工学部や文学部といった学部も有する唯一の総合大学だと考えたので志望しました。

p.242 に続く

回答 へのコメント ‖‖‖

❶：△　文理融合型の学際系学部の受験生によくある志望動機です。文系や理系といった既存の枠にとらわれない学びをしたいという受験生は多くいます。面接において、ライバルの受験生も同じようなことを回答する可能性が高いため、自分独自の理由を述べることができるかが勝負の分かれ目になるでしょう。

❷：○　まず、ダンス部の活動を通して「身体表象」に興味があるとする点が、具体性をもった回答で好印象です。「何を学びたいのか現段階ではわからないので学部入学後に探す」といった受験生が多いのですが、はじめから学びたいテーマがあるのは積極的に学問に向かう態度が見られるので高評価につながるでしょう。また、芸術系の学部も含めた学部を擁する総合大学はここしかない、という回答は説得力をもつものです。志望理由としては「自分がこの大学に入学する必然性」を述べたいところです。

キクチからのアドバイス↗

▶ 学際系の学部では、文理にとらわれない学びをしたいという受験生は非常に多いので、そこからいかに自分なりの色を出して差をつけるかが重要です。

▶ 高校までで学んだり経験したりしたことを通じて、自分なりの学びたいテーマを設定していると好印象につながります。探究したいテーマがあって、それを学べるのがこの大学しかない、という志望理由であれば必然性があるため、高く評価できます。

p.240 から続く

面接官A　なるほど。Gさんがダンス部での活動を通して身体表象に興味を
　　　　もったのはどういった理由からでしょうか？

Gさん　　はい。❸ダンスで何かを表現するにあたっては、体の動きはもと
　　　　より、顔の表情にも気を付けなければなりません。また、指先に
　　　　まで意識を向けなければ、繊細な動きはできません。このような
　　　　複雑な動きを要求する身体表象が、なぜ歴史的、文化的にこれま
　　　　で継承され進化し続けているのかを知りたいと思うようになりま
　　　　した。

面接官B　なるほど。ここからは私から質問させていただきます。先ほど文
　　　　系や理系といった枠にとらわれない学びがしたいとおっしゃいま
　　　　したが、逆に文系や理系に分かれるメリットはどのようなものが
　　　　あると思いますか。

Gさん　　はい。❹文系や理系に分けて考えることで、系統だった学びがで
　　　　きるという点でメリットがあると思います。もし何も分かれてい
　　　　なければ、専門的な知が発展することもないので、文系や理系に
　　　　分けることには一定のメリットもあると思います。

p.244 に続く

回答 へのコメント

❸：〇　ダンス部での具体的な経験から抽出したことから、自分なりの考え
を展開することができており、良い回答になっています。学問分野やテー
マに興味をもった理由として、具体例を述べるだけだったり、抽象的な考
えを述べるだけだったりする受験生は多くいます。こういった回答と比べ、
Gさんは経験から自分なりの考え方を引き出せる思考の深さ、柔軟さを
示すことができています。

❹：〇　文系と理系に分かれている理由には諸説あるのですが、受験生の回
答としては及第点だと思われます。人文・社会科学系や自然科学系を問わ
ず、科学の営みというのは物事を分析することが基本です。そのため、文
系や理系に分けることにより専門的なことをより深めることができるとし
た点は良い点です。

キクチからのアドバイス

▶ 面接では、経験だけでも、抽象的な思考だけでも高い評価にはつな
がりにくいです。具体的な経験をもとに考えたことが、自分なりの
考えになります。その点を意識しましょう。

▶ 文系や理系の枠組みというのは学際系学部の面接でその是非を問わ
れることが多いテーマです。自分の意見として、文系や理系と枠組
みをどう考えるか、そしてそのなかでなぜ自分は学際系の学部に入
学したいのかを考えましょう。

p.242 から続く

面接官C　ありがとうございます。ここからは私から質問させていただきます。先ほど、身体表象に興味があるとおっしゃっていましたね。それもぜひ学んでいただきたいです。ただ、私どもの大学は「社会課題の解決」もひとつの目標にしています。あなたの考える現代社会の課題は何ですか？

Gさん　　はい。❺現代社会は建前としては自由で平等な個人を前提としていますが、実際は貧富の格差が存在し、その格差が固定化されつつあるのではないかというのが課題だと思います。

面接官C　その解決についてあなたは何かアプローチできると考えますか？

Gさん　　はい。❻格差の固定化は、現代日本においては教育格差に起因するものだと考えています。そのため、いずれは奨学金のための財団を私が作り、経済的な理由で進学を諦める生徒がいないようにしたいです。

面接官C　わかりました。では、面接を終わります。

本番を想定して
練習してみよう！

回 答 へのコメント ||||

❺：○　現代の社会課題についての質問に答えています。多くの受験生は、
自分がやりたいことについては詳しいですが、社会を取り巻く構造的な問
題などには知識が乏しいことがあります。その点、Gさんは自分がテーマ
としている「身体表象」だけではなく、「経済格差とその固定化」という
課題をよく理解していることがわかります。こうした回答をすることで、
社会に対するアンテナをいつも張っていることがうかがえます。

❻：○　課題に対する解決策として奨学金のための財団の設立を挙げていま
す。具体的な実現方法を述べていないのがやや物足りませんが、教育格差
自体が格差の固定化につながるとする視点は鋭いもので高く評価できます。
社会が全体としてどういった構造にあるのか、文理融合型の学部を志す受
験生としては自分なりの意見をもっておきたいです。

キ ク チ からのアドバイス ↗

▶ 自分が研究したいテーマ以外にも、詳しく話せる話題をひとつはもっ
ておきましょう。その話題は社会的な課題に関することであるのが
望ましいです。

▶ 文理融合型の学際系学部を目指すのであれば、社会が抱えている課
題を見抜き、その原因まで考えていると高く評価できます。より広く、
より深く物事を観察しましょう。

面接 前 日 のチェックリスト

CHECK

- ☐ これまでに使ってきたノート、メモを見返そう

- ☐ 質問に対する適切な回答を確認しよう

- ☐ わからないことがあればスマホですぐに調べよう

- ☐ 翌日の面接での流れ・動作を頭の中で
  シミュレーションしておこう

- ☐ 「入試要項」に「当日の案内」のページがあれば確認しよう

- ☐ 「当日に受験票を忘れた場合」の対処法は特に確認しておこう

- ☐ 面接に着ていく服、受験票などを用意しておこう

- ☐ 面接会場までの下見を終わらせておこう

- ☐ 面接会場までの交通機関を確認しよう

- ☐ 不測の事態に備えて、交通経路は複数想定しておこう

- ☐ 交通費などのための現金を用意しておこう
  （小銭も準備しておこう）

- ☐ 翌朝に向けてアラームをかけておこう

- ☐ ホテルに宿泊する場合は、可能であればホテルの
  モーニングコールをお願いしよう

- ☐ 夕食はおなかにやさしいものを軽めにとること

- ☐ 早く眠れるようにするために軽い運動（散歩など）をしておこう

- ☐ 緊張するのは仕方ないので、とりあえず早めに寝るようにしよう

- ☐ 眠れなくても気にせずに、目をつぶって深呼吸をしよう

- ☐ スマホの通知は、アラーム以外は切るようにしておこう

面接 当日 のチェックリスト

CHECK

☐ 受験票はあるか

☐ 交通機関は平常通り運行しているか

☐ 朝食は軽くとるだけ

☐ 制服やスーツのボタンは外れていないか

☐ 制服の場合、校章やネクタイはつけているか

☐ スーツの場合、ジャケットの第一ボタンはとめているか

☐ 寝ぐせはついていないか

☐ 天候を確認して、雨や雪なら傘をもとう

☐ 靴は面接にふさわしいものにしているか

CHECK
OK?

面接マナー

1 ▶ 服　装

● 現役生の場合は、**制服着用が原則**。清潔感あふれるスタイルでまとめる。既卒生の場合には、**スーツを着るのが一般的**。また、その場合でも色や柄が派手なものは避ける。

▶ 服装に独自性は必要ない。相手は大学教員か学校職員である。第一印象で優秀な受験生だと思われるよう、見た目を整えよう。

2 ▶ 待合室

● 面接のための部屋に入る前の部屋が「待合室」。ただし、そこには**入試関連の職員がいることがほとんど**。待つ時間が長いこともあるが、**スマホを見たり、そばにいる他の受験生と話したりすることは避ける**。スマホは電源を切っておくようにする。ノートなどを見ることが許される場合もあるが、その際も係の職員の許可をとろう。

▶ 待合室の時点で評価が決まるわけではないが、素行が悪い受験生だと思われることがないよう、おとなしく順番を待つようにする。

3 ▶ 入室まで

● 順番がきたら名前を呼ばれるので、「はい」と返事をして、ドアに向かう。このとき**ドアのノックは3回とするのが無難**。ノックをし、室内から「どうぞ」と返事があったら、「失礼します」と言って入室する。

▶ ノックの回数で何かが判断されることはないと思われるが、一般的には入室のノックは3回とされている。

4 ▶ 着　席

●ドアを開け、面接官に向かって礼をしたのちに、ドアのほうを向いて静か
　に閉める。その後、いすに向かってそのそばで立ち、**面接官から「着席し
　てください」などと声をかけられてから座る。**

> ▶背筋をまっすぐにして、前かがみにならないように注意する。また、
> 　面接官から言われない限りは勝手に着席しないようにする。入室から
> 　着席までの第一印象は面接試験において重要。自信たっぷりの表情で
> 　入室する。

5 ▶ 面接中

●手は膝に添え、背筋は**背もたれからこぶし1つ分を離して**まっすぐにす
　る。足はそろえておく。目をきょろきょろさせず、面接官のほうをまっす
　ぐに見つめる。

> ▶面接中に身振りや手振りを入れる受験生が多いが、それは不要。あく
> 　まで話している内容で勝負することを心がけよう。

6 ▶ 退　出

●面接終了の合図があったら、いすから立ち上がり、「ありがとうございま
　した。失礼します」と言って深くお辞儀をする。その後ドアに向かって歩
　き、**ドアを開ける前に一礼し、**ドアを開け、ドアのほうを向いて閉め、退
　出する。

> ▶面接が終わったからといって油断しないこと。背筋を伸ばして歩くこ
> 　とを忘れずに。退出するまでが面接だと心得よう。

文学部

- ☐ これからの言語の変遷についてどのような考えをもっているか。
- ☐ 今までの交流で文化のコンフリクトはあったか、あったとしたらどのように解決したか。
- ☐ 希望する将来の夢がかなわなかった場合どうするか。
- ☐ 古典作品を学び、継承していくことの意味とは何か。
- ☐ デジタルデバイスの利点と欠点とは何か。
- ☐ 言葉や文化についてこれまでどのように学んできたか。
- ☐ 文学の成立に影響を及ぼしているものは何か。
- ☐ あなたの研究をどう社会に生かしていくのか。

教育学部

- ☐ 子どもたちが集団で授業を受けることの意味は何か。
- ☐ 部活動に学校の先生がいることの必要性とは何か。
- ☐ 支援の必要な子どもと関わった経験はあるか。
- ☐ あなたが目指す教員はどのようなものか。
- ☐ 教師になるために自分に必要だと思うことは何か。
- ☐ これまでに印象に残っている先生とその理由。
- ☐ 保護者との関わりで気を付けることは何か。
- ☐ 2030年の子どもに必要な力は何か。

外国語学部

- ☐ 専門にしたい言語を選んだ理由は何か。
- ☐ 留学の予定はあるか。その理由は何か。
- ☐ 学びたい言語は将来の夢と関係するのか。
- ☐ 異文化交流のために何をすべきと思うか。
- ☐ 最初から海外の大学で学ぶことは考えなかったのか。
- ☐ 多様性を尊重する考え方とはどのようなものか。
- ☐ コミュニケーションについてどのように考えているか。
- ☐ 英語に自信はあるか。

法学部

- ☐ 法律を作るときに気を付けるべきことは何か。
- ☐ 何かを決める際には必ずマイノリティが存在してしまうが、そのことについてどう考えるか。

法学部
- ☐ 身近な出来事で、規則・ルールに基づいて解決できた事例があるか。
- ☐ 法治主義と法の支配の相違点は何か。
- ☐ 高校まで義務教育とすべきか。
- ☐ いじめの問題解決に法はどれだけ関与し得るか。
- ☐ 少年犯罪は厳罰化すべきか。
- ☐ 現在の裁判の問題は何か。

経済学部
- ☐ 日本の景気はこれからどうなると思うか。
- ☐ あなたの出身地の経済の課題と解決策は何か。
- ☐ 日本社会における格差についてどう思うか。
- ☐ AIと経済とのこれからの関連性について考えることはあるか。
- ☐ 女性が働きやすい環境を整えるにはどうするか。
- ☐ 発展途上国に対して日本からできる支援は何か。
- ☐ 日本は人口減少に伴って経済規模の縮小は避けられないが、どう考えるか。
- ☐ 高校の地理歴史・公民の授業で印象に残っていることはあるか。

商学部
- ☐ 経済学部と商学部で学ぶことの違いは何か。
- ☐ 企業経営とはどのようなものだと思うか。
- ☐ 企業に自分を採用してもらうにはどうするか。
- ☐ 興味のある経営学の分野は何か、またその理由は何か。
- ☐ あなたにとっての「豊かさ」とは何か。
- ☐ 環境問題や格差問題は経営学によってどのように解決できるか。
- ☐ 企業において残業はやむを得ないか。
- ☐ 将来就きたい仕事は何か、経営学はその仕事に生かせるか。

医学部
- ☐ 「地域医療」とは具体的にどのようなものか。課題と対策はあるか。
- ☐ ストレス発散法はあるか。ある場合、具体的な方法は何か。
- ☐ 医療現場で医師が患者から求められる配慮とは何か。
- ☐ 臨床医と研究医はまったく別のものか、つながりがあるか。

医学部	☐ 「シンギュラリティ（技術的特異点）」を迎えたあとの医療現場への影響、利点・欠点についてどう考えているか。
	☐ 先進国と途上国の医療格差をどう認識しているか。
	☐ 高齢社会において生じ得る医療の課題は何か。
	☐ 医師は激務だが、体力に自信はあるか。

歯学部	☐ 歯科医師の飽和についてどのように考えているか。
	☐ 虫歯率を下げるために具体的にすべきことは何か。
	☐ 医科ではなく歯科を志望する理由は何か。
	☐ 高齢社会において生じ得る歯科医療の課題は何か。
	☐ 歯科医師の国際化についてどう思うか。
	☐ 災害歯科の重要性とは何か。
	☐ 口腔機能とQOLの関係性について考えていることはあるか。
	☐ 医療の中での歯科の位置づけをどう捉えているか。

薬学部	☐ 薬剤師として働くならどういったところで働きたいか。
	☐ 薬剤師のリーダーとなるために必要なことは何か。
	☐ 海外の薬剤師不足地域へ派遣依頼があれば行くか。
	☐ 先導的薬剤師を一言で表すと何か。
	☐ 高校生活の中で薬剤師になったときに生かせることは何か。
	☐ 薬剤師として信頼を得るためにはどうすればよいか。
	☐ 薬剤師を目指す者として地域医療にはどう貢献できるか。
	☐ 患者に寄り添った薬剤師とはどのようなものか。

看護学部	☐ AIと看護師の関係についてどう考えるか。
	☐ チーム医療における看護師の役割は何か。
	☐ 看護師としてコミュニケーションはどうあるべきか。
	☐ 看護師は人気もあるが離職率が高いのはなぜか。
	☐ 施設での看護と在宅での看護の違いは何か。
	☐ 笑顔はどのような効果をもっていると思うか。
	☐ 看護師の専門性とは何か。
	☐ 病院でできるLGBTに配慮した取り組みはどのようなことか。

芸術学部	☐ 文化や言葉についてどのように学んできたか。 ☐ これからの芸術の可能性についてどのように考えているか。 ☐ アートマネジメントについて考えることはあるか。 ☐ これからのメディアはどうなっていくと思うか。 ☐ これまでに誰かと協力して制作活動をした経験はあるか。 ☐ 日常の中でデザインが生かされていると思うのはどのようなときか。 ☐ 最も好きな作品とその理由は何か。 ☐ 将来、制作者になるのか、それとも発信者になるのか。
体育学部	☐ スポーツを通して学んだことは何か。 ☐ 暴力・ハラスメントをスポーツ界から根絶するためにはどうするか。 ☐ スポーツにも「自己責任」と「連帯責任」があるが、 　 両方とも必要だと思うか。 ☐ 目標達成のためにいつも何を意識するか。 ☐ 食事で気を付けていることは何かあるか。 ☐ 部活動と学業を両立するためにはどうすればいいと思うか。 ☐ 全国規模の大会で勝ち抜くのに必要なことは何か。 ☐ 今までで一番印象に残っている試合はどのようなものか。
学際系学部	☐ 学生にとってのリベラルアーツとはどのようなものか。 ☐ 多文化共生の理想像とはどのようなものか。 ☐ 「グローバルな考え方」とはどのようなものか。 ☐ 科学技術とグローバル化の関係性についてどう考えているか。 ☐ 学びを通してどのような人間になりたいか。 ☐ 30年後に日本と世界はどのようになっていると思うか。 ☐ 日本文化を外国人に伝えるとき、どのように伝えるか。 ☐ 将来目指していることは何か。それに対して在学中に何ができるか。

志望動機作成シート

① 志望大学・学部

② なぜその大学なのか（Why①）→「そうでなければならない理由」を含めて

③ なぜその学部なのか（Why②）→「そうでなければならない理由」を含めて

④ その大学・学部で何を学びたいか（What）→ できるだけ詳しく／理由も含めて

⑤ その大学・学部で学んだことを卒業後いつ・どのように生かすか（When/How）
→ 自身のキャリアプランも含めて

⑥ メモ

学部別参考図書リスト

人文科学系	文学部	○小林 真大『文学のトリセツ「桃太郎」で文学がわかる!』(五月書房新社)
	教育学部	○『学習指導要領』(文部科学省) ※自分の志望する校種(小学校や中学校など)、科目の最新版を読んでみてください。
	外国語学部	○黒田 龍之助『ぼくたちの外国語学部』(三修社)
社会科学系	法学部	○山崎 聡一郎(著), 伊藤ハムスター(イラスト)『こども六法』(弘文堂)
	経済学	○ヨラム・バウマン、グレディ・クライン(著), 山形 浩生(翻訳) 『この世で一番おもしろいマクロ経済学　みんながもっと豊かになれるかもしれない16講』(ダイヤモンド社) ○ヨラム・バウマン、グレディ・クライン(著), 山形 浩生(翻訳) 『この世で一番おもしろいミクロ経済学　誰もが「合理的な人間」になれるかもしれない16講』(ダイヤモンド社)
	商学部	○中央大学商学部(編)『高校生からの商学入門』(中央大学出版部)
自然科学系	医学部	○齋藤 英彦(編集)『医の希望』(岩波書店) ○井村 裕夫(編集)『医と人間』(岩波書店) ○矢﨑 義雄(編集)『医の未来』(岩波書店)
	歯学部	○「2040年を見据えた歯科ビジョン―令和における歯科医療の姿―」 (日本歯科医師会Webサイト〈https://www.jda.or.jp/dentist/vision/〉より)
	薬学部	○丸山敬(監修)『マンガでわかる　薬のしくみとはたらき事典』(ナツメ社)
	看護学部	○髙橋則子、蝦名總子、菊池麻由美、安井静子(著), 仲本りさ(イラスト) 『看護師をめざすあなたへ』(日本看護協会出版会)
学際系	芸術学部	○末永 幸歩『「自分だけの答え」が見つかる 13歳からのアート思考』 (ダイヤモンド社)
	体育学部	○友添 秀則(編著)『よくわかるスポーツ倫理学(やわらかアカデミズム・〈わかる〉シリーズ)』(ミネルヴァ書房) ○井上 俊、菊 幸一(編著)『よくわかるスポーツ文化論[改訂版](やわらかアカデミズム・〈わかる〉シリーズ)』(ミネルヴァ書房)
	学際系学部	○外山 滋比古、前田 英樹、今福 龍太、茂木 健一郎、本川 達雄、小林 康夫、鷲田 清一(著), 桐光学園、ちくまプリマー新書編集部(編) 『中学生からの大学講義 1 何のために「学ぶ」のか(ちくまプリマー新書)』(筑摩書房)

菊池　秀策（きくち　しゅうさく）

　小論文専門予備校「小論ラボ」主宰。1988年生まれ。福岡市出身。福岡県立修猷館高等学校を卒業後、早稲田大学法学部に入学し、会社法を専攻。大学卒業後、大手電機メーカー関連企業において製品規格立案業務に従事。業務の傍ら、都内の学習支援ボランティアに参加。経済的な理由で予備校などに通うことが困難な高校生への学習支援を行うなかで、教育を通じた社会貢献への関心がわき、講師に転向。複数の予備校への出講を経て、小論文専門予備校「小論ラボ」を創設。自塾では、すべての生徒の授業をひとりで担当。小論文対策、面接対策、総合的な入試対策を幅広く指導する。

　志望理由書添削から模擬面接まで、これまでにさまざまな予備校・塾で指導にかかわり、合格者を輩出し続けている。

　著書に『学校推薦型選抜・総合型選抜　だれでも上手に書ける　小論文合格ノート』『話し方のコツがよくわかる　看護医療系面接　頻出質問・回答パターン25』（以上、KADOKAWA）『選ばれる小論文のエッセンス いざ書きはじめる前に知っておきたい』（学研プラス）がある。

自分の魅力を正しく伝えて合格できる
菊池秀策の　ゼロから始める面接対策

2023年 8 月29日　初版発行

著者／菊池　秀策

発行者／山下　直久

発行／株式会社KADOKAWA
〒102-8177　東京都千代田区富士見2-13-3
電話　0570-002-301（ナビダイヤル）

印刷所／株式会社加藤文明社印刷所
製本所／株式会社加藤文明社印刷所

●お問い合わせ
https://www.kadokawa.co.jp/（「お問い合わせ」へお進みください）
※内容によっては、お答えできない場合があります。
※サポートは日本国内のみとさせていただきます。
※Japanese text only

定価はカバーに表示してあります。

©Shusaku Kikuchi 2023　Printed in Japan
ISBN 978-4-04-606299-4　C7030